優渥叢書

優渥叢書

優渥叢書

40張圖學會

不蝕本選股法

K線很老實、基本面很重要，買股前你一定要懂的68件事！

塩見努◎著　賴惠鈴◎譯

これからパンローリングの投資本を読む人へ

前言

Chapter 1

連巴菲特也在練的不蝕本「投資心法」 015

Contents

Chapter 2

Chapter 3

Contents

Chapter 4

Contents

前言
只有建立自己的投資方法，才能從九成的失敗者中脫穎而出

感謝各位從多如繁星的投資書當中，拿起這本書。我是關西地區的財務規劃師，為一般大眾提供資產規劃及保險的諮詢服務。此外，也在補習班、大學、金融機構及一般公司行號，擔任財務規劃師培訓課程的講師。

我在講座中負責的科目，並不是金融資產的運用，而是大部分都與保險有關。我從以前就對投資股票感興趣，也曾在證券公司的營業部任職，現在則在神戶市的投資顧問公司，為一般散戶提供諮詢服務。不過，即使收到與金融有關的演講邀約，我也很少接受。

在培訓課程中，學到的各種投資商品基本原理及風險等，是財務規劃師不可或缺的基礎知識，但不會直接有助於改變自身的資產結構。所以，想要累積資產，不能只有知識及理論，而是要腳踏實地學習，培養出自己的投資風格。

本書最大的主旨，是告訴讀者如何培養出自己的投資風格。在後半部，我會從個人的人生觀及生涯規劃出發，說明如何建立自己的投資風格，並進一步成長茁壯。

要建立自己的投資風格，最有效的方法是由成功者直接指導，養成「自己的核心投資法」。不過，這不是指要成功者私下指導所謂的「祕傳手法」，因為讓投資人成功的手法絕不會只有一種，而是琳瑯滿目、千變萬化。舉例來說，光是買與賣的間隔，就從數秒到數年各有不同。再者，就算使用相同的手法，結果也會因為投資人的喜好及性格，而產生巨大的差異。

不過，在投資思考邏輯與方法上，不只是成功者之間，幾乎所有的失敗者之間，都有非常多共通點。所以，對於投資這件事，如果不先了解成功者及失敗者的投資思考與態度，通常最後都會虧損。

正因為成功者深諳此道，才會要初階投資人透過實際經驗，理解投資思考邏輯與方法，建立自己的核心投資法。只可惜，成功者占所有投資人的一〇%都不到，大多都不會揚言自己是因為投資而成功的（其理由會在本書中說明）。

那麼，如何學會成功者的思考邏輯與方法呢？我能給的答案非常平凡無奇：

多看書。在本書前半部，我整理了自己看過的各式各樣的書，以及從經驗中摸索出的心得。這是我在經歷過無數次的投資失敗與挫折後，身體力行累積下來的紀錄。請各位在開始投資之前，務必了解這一點。

本書是為了打算開始投資的人，以及對投資感到迷惘煩惱的人而寫的。我身為財務規劃師，擁有許多與一般投資人討論的經驗，因此深知投資人需要的是不厭其煩的指導。

或許各位會覺得，這本書好像不斷重複大同小異的話題，說教意味濃厚。不過，其中充滿著我將親身感受到的東西與大家分享的心意，希望各位可以理解。

倘若本書能幫助投資人避開「早知道就能避免」的失敗，建立自己的投資風格，挑戰更上一層樓，過著更幸福的人生，這就是我至高無上的幸福了。

Note

Chapter 1
連巴菲特也在練的不蝕本「投資心法」

第1件事

投資要有「受傷」的準備

明明眼前馬路的紅綠燈亮的是紅燈，卻不看左右來車就強行通過，很容易被車子撞到。

或許各位會覺得「這不是理所當然嗎？」但實際上，連「馬路如虎口、紅燈停、綠燈行」這種最基本常識都不知道，就一腳踏進投資的世界，結果被市場玩弄於股掌之間的人，多如過江之鯽。

投資是個高難度的世界，為了培養最基本常識，光看書是不夠的，還必須經歷實際嘗試、累積經驗及學習知識的「練習期間」，就如同不是看過腦外科名醫的著作，就能馬上動腦瘤手術一樣。

而且，光是一股腦兒地累積經驗也毫無意義。就像倘若不做任何準備，只是茫然地在陌生的森林裡徘徊遊走，固然能學會要怎麼走，但若是漫無目的地走下去，不知不覺就會被迫卸下全身的裝備，或是受到牛或熊等猛獸的襲擊。

在投資的世界裡，明明只要有點常識就能避開危險，許多人卻失去了寶貴的金錢。有些人因為自己不會投資，而支付大筆金錢給投資顧問、電子報發行商、推薦買賣點的公司、知名投資客等「老師」們，借助他們的能力。但是，即使身經百戰的老師，也不一定知道該如何是好，而且不見得所有的老師都是既優秀且誠實。

為了在投資的世界裡生存，為了培養適合自己且不會被老師敲竹槓的眼光，必須先有「在市場上跌倒會受重傷」的常識。

愈是初階的投資人，愈傾向於選擇只看一眼就知道答案的書。但就我所知，即使模仿書裡的答案，也很難攻無不克、戰無不勝。因為投資沒有輕鬆百戰百勝的方法，終究得靠自己殺出一條血路。

為了培養投資能力，必須經過一段練習期間，腳踏實地從頭開始學習，而理財書則是為此提供方法。這也是投資的常識之一。

本章將為各位介紹初學者容易犯下的一些錯誤，以及學習投資必須具備的一些常識。

第2件事

「心理素質」能避開追高殺低

為了在投資上長期獲勝，必須靠自己的力量，建立投資的「心法」、「操作策略」及「資金管理」，這可以用「心」、「體」、「技」來表現。

我將以上三點合稱為「腦內投資組合」，是投資最重要的核心，只要缺少其中一點，就無法成為最後的贏家（圖表1-1）。所謂的「投資組合」，是指藉由彼此互補，得以在穩定性與獲利之間取得平衡的配置方式（詳見第4章介紹）。

精神科醫生暨個人投資家亞歷山大．艾爾德的著作《走進我的交易室》中，具體介紹了這三大要素。包括我在內，世界上有許多人都剽竊這套想法，還搞得儼然是自己發現似的。

初學者往往一味追求操作策略，例如「要怎麼賺錢？」「在哪個時間點買哪一支股票才會賺錢？」而我在接觸到《走進我的交易室》之前也不例外。更多人則以為，自己只要模仿成功者傳授的手法，也能成為成功者。甚至有人認定，只

圖表1-1　腦內投資組合

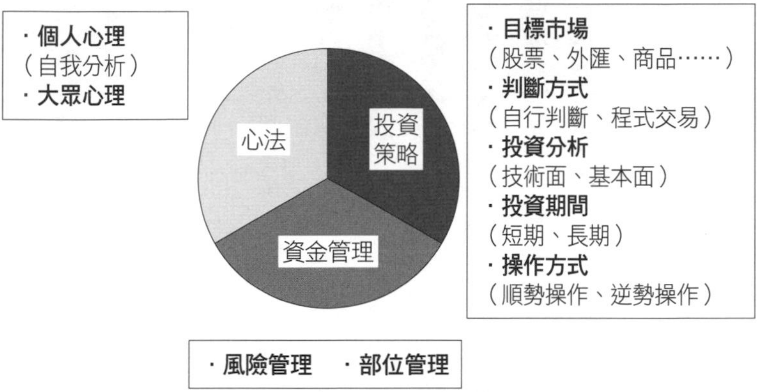

要交給成功者操作，就一定能賺錢。換言之，這些人只追求答案。

但是，光是追求答案無法長期持續增加資產。就像讓某家連鎖居酒屋成功的經營手法，不見得能讓另一家居酒屋成功，因為世界上沒有絕對適合每個人的答案。

即使現在被稱作「成功者」的投資人，一開始也是外行人。然而，與失敗者不同的是，成功者會在克服無數次的挫折之後，不斷從錯誤中學習，建立起自己的腦內投資組合。

例如，「要投資哪個市場或金融商品？」「怎麼利用（或不利用）基本分析及技術分析？」「期間是長期、中期還是短期？」「策略是順勢操作還是逆勢操作？」「執行買賣紀律，是靠系統交易還是自行判斷？」等等，實際地採取適合自己生活方式的方法。

不過，為了將以上的手法發揮到淋漓盡致，心理素質與資金管理不可或缺。舉例來說，為了貫徹自己的方法，精神上必須十分強韌，為了決定風險承受度，必須徹底搞清楚自己的性格（詳見第2章與第3章說明）。

在股票或外匯市場上，據說只有一〇%左右的人能成為最後的贏家。也就是說，其餘九〇%的人雖然為了增加資產而開始投資，但最後都落得賠本的下場。**明明誰也不想失敗，但是大部分的人都淪為失敗者。為了避免成為失敗者，必須思考贏家與輸家的差別在哪裡，才進場投資。**

大部分的人都毫無根據地以為，自己具有特別的才能，或是想藉由別人的幫助，擠進那一〇%的勝利組。但就我所知，不努力的人絕對不會成功。因此，付出努力的贏家才能得到巨大的報酬。

第3件事

注意！避開金融風暴

直到不久之前，投資市場通常會給人「可怕、困難又危險」的印象。之所以會有這種形象，不能否認是因為有黑心證券公司或期貨公司，導致「上了營業員的當而傾家蕩產」這類悲劇不勝枚舉。

這些黑心公司的目的在於賺取手續費，他們從過去的經驗得知「十比九十的法則」，所以打從一開始就不期待與客戶建立長期的關係。如此一來，為了達成目的，他們必須採取手段增加客戶，換句話說，也就是用花言巧語攏絡客戶。

當然，這種黑心公司只占了整個業界的一小部分（並非完全不存在）。另外，最近的主流是不透過營業員，而是透過網路自行買賣。只要通過非常簡單的審查，就能開立信用交易或外匯的帳戶，也能輕鬆得到不輸專家的下單環境與豐富詳盡的資訊。

在股票或外匯的網路交易上聲稱「賺了幾億元」的投資人，經常出現在雜誌或書籍裡。他們就像是住在附近的大哥哥、大姊姊般，乍看輕鬆地用幾個月的交易將幾十萬變成幾億元，所以讓人誤以為「說不定我也可以」也是人之常情。因此，最近大眾對市場的「險惡」印象也逐漸淡薄。

然而，**簡單就能投資並不代表簡單就能獲利，反而很容易虧損**。舉例來說，愈來愈多的投資人，就像玩線上遊戲或手遊一樣輕易進場，結果馬上蒙受擴大的損失。

十比九十的法則古今中外皆然，媒體卻只報導極少部分的贏家，強調贏家如何輕鬆地賺大錢，卻從未提到九〇%的失敗者。或許是大部分的失敗者不願意接受採訪，也可能因為即使大費周章也無法獲益，畢竟這樣的報導容易流於負面，而變得一點都不有趣。

如果是雜誌，不得不對買廣告的企業有所幫助。如果是圖書，則必須提出能盡可能吸引初學者（占了大多數的投資人）目光的標題，先讓他們願意拿起來才行。

交易本身是非買即賣的單純行為，就算沒做任何功課，單靠運氣也可能瞬間賺大錢。這是市場的魅力，同時也是市場的魔力。想當然耳，雖然我沒看過，但是或許真的有什麼都不知道，光憑感覺投資就能不斷成功的天才分析師或幸運投資人。只不過，沒有人能夠保證自己也能變成那種人。

似乎也有人認為自己具有特別的才能，而且無論工作或學習都比別人優秀，自然在市場上也能成為贏家，所以不管三七二十一就開始投資。如果只是馬上虧損，後悔自己竟有這種想法還好，萬一瞎貓遇見死耗子，碰上「好懂」的市場而賺了一大筆錢，這樣反而麻煩。

所謂的市場，有好賺的、自然也有難賺的時候。自古至今，在好賺的市場對自己的實力過於自信，卻在市場變得難賺時，不僅把賺來的錢吐回去還倒賠的人很多，以後也不會少。像這樣子的人遲早都會陷入低潮，要是不能及時悔悟的話，很可能會就此「畢業」。

正因為市場既可怕又困難還很危險，克服難關的時候才會學到很多東西。在累積經驗與知識的過程中，必須隨時把市場有多可怕、有多困難、有多危險牢記在心中。

第4件事

高手做到的是「活下來」，而不是每次都贏

要一面累積經驗與知識，一面靠自己的力量在腦海中建立長期的投資組合，那可不是光看一兩本股票或外匯的書，就能輕易建立起來的東西。

最近，證券公司的講座內容愈來愈充實；此外，也有許多針對初學者的雜誌或理財網站。如果想知道股票、外匯、基金等金融商品的基本原理、特徵或買賣方法，這些情報來源就足夠了。

只不過，不利於公司營運的資訊不會曝光，這是基本常識，因此建議要多看多比較。事先知道提供資訊的人隸屬於哪個單位，又是基於什麼目的發布這些資訊，以及會從哪裡受益也很重要。

此外，投資人能從這類情報來源獲取的，頂多只有「比賽的基本規則」，或是指標的簡單使用方法等，但是，光是這樣無法轉敗為勝。以棒球為例，這樣的程度就如同只知道比賽規則及揮棒方法而已。明明連上場比賽的經驗都沒有，卻

馬上要面對專業投手的投球，只會落得被三球三振出局的下場。當然，光是知道為什麼會出局還不夠，必須思考該怎麼做，才能不被三振而站上壘包。

前文提過，要長期都能獲利，心法、投資策略、資金管理缺一不可。去書店一趟便一目瞭然，在投資相關叢書當中，與操作手法有關的書占了壓倒性的多數，卻幾乎沒有以資金管理或心法為主題的書。不過，如果能理解心法與投資經驗同樣重要，就會在資金管理下功夫，進而有效增加資產。

在散戶投資人當中，新手占了絕大多數，他們往往會尋求「寫有答案的書」、「只要模仿就能輕鬆賺錢的書」，例如《將萬元變成億元的投資法》或是《玩外匯輕鬆賺大錢》等。

因此，基於商業考量，這種類型的書當然會被書店放在明顯的地方，出版社也會出版。然而，關於心法或資金管理的書，因為不符合新手的需求，賣得不怎麼樣，不是被塞到書店的角落裡，就是根本沒出版。

不過，並不是所有名為《輕鬆賺大錢》的書都是騙人的，有可能是因為銷售策略，不這樣取名就賣不好。實際上，我也曾經從許多這類名稱的書裡得到靈感。而且，不能全怪書店或出版社，因為賣不出去就無法再出下一本書。

只是，很多人不僅無法靠經驗，發覺資金管理及心法有多重要，甚至在知道以前就從市場撤退了。因此，這個領域沒有受到重視，實在相當遺憾。

我身為培養財務規劃師的講師，也曾在保險公司及證券公司任職，服務對象是一般大眾，因此可以理解平常沒機會接觸到投資常識的人，能有多少金融知識。

在排斥金錢教育的日本，人們普遍都不夠了解金融及稅金。突然告訴他們：「國民年金不夠的部分要自己賺」，或是「可以善用固定提撥式的年金喔」，會有多少人能好好理解優缺點，再加以實踐呢？

前幾天，我同學問了我一個問題：「公司導入了固定提撥式年金，要投資什麼才好？」他大概是希望我告訴他：「可以投資這個比例在這個商品上」這種簡潔答案。但是，在投資的世界裡，絕對沒有一加一等於二這種正確答案，這是基本的常識。

而且，我覺得一下子把固定提撥式的年金制度，推給沒有接受過完整金融教育的人似乎有些不妥。但是，既然現狀如此，只能靠自己保護自己。必須靠自己的力量，積極地參與投資及資產運用。

根據我的親身經驗，為了建立腦內投資組合，至少需要三到五年的「練習期間」。我開始具備一點點增加資產的能力，是在投資到第三年的時候，也就是累積超過三百次買賣經驗之後。

利用投資增加資產，絕不是一件簡單的事。有順風順水的時候，也有怎麼做都不順利的時期。重要的不是投資失利就馬上退場的方法，而是要打造能持之以恆的策略，培養出在順利的時期，一點一滴地增加資產、在逆境存活下來的能力。

即使是以進入甲子園，或是加入職業球團為目標的高中棒球選手，也是每天都要不斷地練習拋接球和揮棒。看在周圍的人眼中，或許他們做的事每天都一成不變，但是他們只要隨時留意，就能從周而復始的練習中有新發現。每天持續練習，透過無數次的比賽，累積實戰經驗，並培養實力，就能開花結果。

投資也不例外。在學習、研究、累積實戰經驗的過程中，會有新的發現，進而建立起自己的腦內投資組合，然後一步一步地邁向贏家的世界。

第5件事

如何成為股市中10%的獲利者

沒有人能突然變得擅長投資。華倫．巴菲特、喬治．索羅斯這些了不起的投資家，起初都是初學者。如果將投資人依照熟練程度加以分類，可以分成以下三大類（圖表1-2）。

高階投資人

投資年資很長，資產長期持續增加，已經多次達成投資目標，接下來也會勝率很高。這種等級的投資人除了對自己的腦內投資組合很有自信，也深知市場難以預料，態度非常謙虛。

中階投資人

能一面建立自己的腦內投資組合，一面一點一滴地增加資產。這種等級的投

圖表1-2　投資人熟練程度金字塔

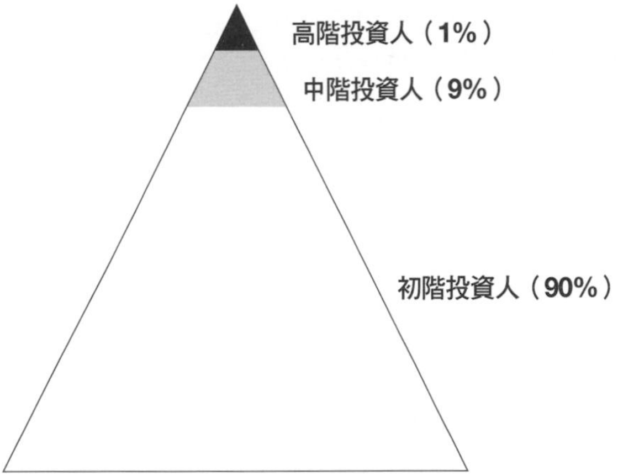

資人，至少都有五年以上的買賣經驗。如果是做短線的投資人，至少有五百次以上的買賣經驗，看過五十本以上的相關書籍。

知道自己想做什麼，也會徹底仔細地檢查資訊。深知一旦驕傲或粗心大意，就會被市場倒打一耙。了解高階投資人有多厲害，也明白初階投資人的問題所在。

初階投資人

初學者、沒有經驗的人都是從這裡開始。隨時都有新血加入，也隨時都有人脫離戰線。

大部分的人即便沒有脫離戰線，

也不會升級到中階，而是就這麼結束投資生涯。過了三、五年，還無法成為中階投資人的「萬年菜鳥」，多半是研究得不夠深入、不夠認真、性格不適合、沒有才能或者自我中心，以及投資目的並非用於資產配置等。

第6件事
新手選股當賭博，高手選股會檢討

典型的「萬年菜鳥」之一，是「自作主張」的人。簡而言之，就是任性妄為的人。首先，他們沒有自覺、也絕不承認自己還是初學者。而且還不知道有中階投資人，夢想著哪天也會變成專家達人（高階投資人）」。

懷抱夢想非常重要，但是要實現自己的理想與投資目標，必須非常認真，並創造足以撐過漫長練習期間的動力才行。沒有知識及經驗為基礎，徒有妄想的白日夢毫無意義。

嘗過幾次看對股價的甜頭，就自以為對市場瞭若指掌，但不僅資產完全沒增加，就連加碼的資金也是打水漂。然而卻說著：「賺不到錢都是因為……」，還一直把失敗或錯失良機怪罪於別人或市場上。此外，還肆無忌憚地批評別人的失敗，卻從不反省自己的失敗、從經驗中學習，總以為自己是對的。

這種類型的人不只看不懂市場，也不懂得察言觀色，甚至沒察覺在自己輕視他人言行舉行的同時，周圍的人也正輕視著自己。還會抓住別人的語病攻擊對方，自己說的話卻變來變去。例如明明是要做短線，卻在趨勢發展違背自己所想像時，就改為長期投資。

明明從不查資料，隨便道聽途說，但受到別人好心指導，卻連一句感謝的話也沒有。不僅毫無學習之意，還把姿態擺得比天還高，一旦不如自己的意，就滿嘴抱怨或說別人的壞話。想也知道，再怎麼親切的人碰到這種人也會耐心用盡，最後離他們而去。

此外，萬年菜鳥中也有抱持不同目的的人。例如，有人就是喜歡買賣時那種緊張刺激的感覺。這種人喜歡賭在不確定的事物上，一旦賭對了會感到喜悅。他們投資不是為了資產配置，而是追求每一次買賣的快感。老實說，從以前到現在，都不乏那種拚命寫或讀賽馬報紙上「爆冷門黑馬」報導的人。即使資金像坐雲霄飛車似地劇烈增減，他們也不知道要反省，反而會從那種劇烈的變動中感到刺激。

這種人也有可能一次就大賺一筆，但是長期下來，還是會在不知不覺間越賠越多。因為結果到底是賺是賠，對他們來說並不是最重要的。

這種如同「抽抽樂」和「賭博」的性質，只不過是投資的一環。但是只要有自覺，自己的目的是在追求「刺激」，我倒也不打算全盤否定。因為只要自己認知到這筆資金是無關賺賠的「消遣」，又不會迷失自我的話，其實就能像打小鋼珠、買樂透或合法賭博那樣，享受市場帶來的樂趣。同時也會對社會上的動向變得敏銳，還能從報紙、新聞甚至人生中得到趣味。其實，不只是市場，在資本主義的社會裡，不管是商業買賣或人生，本來就有這種「猜猜看」、「賭博」的要素，所以才會有意思。

問題是，還是**有人為求刺激而迷上這種金錢遊戲，卻將其誤以為是資產配置。只要願意承擔巨大的風險，也有可能在一個禮拜或一個月內，就讓資產一口氣增加兩倍或三倍。這麼一來，難免會想要向別人吹噓。然而，那只是暫時的好運，這種作法終究會導向毀滅。**

若持續這種作法，透過買賣得到的刺激會轉變成快感，促使投資人更加頻繁交易。就如同對酒或藥物上癮般，染上「股市癮」後，在不能買賣交易時，就會感到焦躁不安。

一旦沉迷於市場帶來的刺激感，買賣紀律（詳見第2章）就會形同虛設，變成對感情的拉鋸戰。一旦建立比較大的部位（尚未獲利了結的資金，也稱「持倉」），就會耿耿於懷到晚上都睡不著，甚至到胃也隱隱作痛的地步。然而，就連這種狀態也會帶來「快樂」。要是就這樣繼續下去，可能連心都要生病了。

真正為了資產配置而做的投資，比起單一交易的結果，更看重整體的結果，也不需要鋪張顯眼的表現。因為投資是商業買賣，絕不是只有好玩的事。

觀察線圖的時候，有時候我會覺得它像是川流。投資新手如果不先調查這條河流的流向就貿然跳進去，可能會受到河水上下翻騰、被吞噬，最後滅頂。看到這裡，如果已經失去耐性，也請多包容。因為我也曾經是在那條河流裡載浮載沉地掙扎過好幾次的人。只有真正領悟的人，才有機會進階為中階投資人。但是萬年菜鳥就算看到這裡，可能也不認為是在說自己。

能理解任何人一開始都是菜鳥，並且有所自覺自己還是新手，以及保持謙虛的態度都很重要。

第7件事 選錯股，千萬不能轉成長期投資！

就連高階投資人也很難在投資上百戰百勝。同樣地，要在投資上百戰百敗也不是一件容易的事。

一般的敗者都會因為時賺時賠感到興奮，結果卻在反覆「賠多賺少」之下，資產就不知不覺地縮水了。正因為偶爾會賺錢，才讓人難以發覺自己是新手，這也是市場的陷阱之一。

前面曾提到，事實上有時市場好懂到每個人都能賺錢。舉例來說，在二〇〇三到二〇〇五年股價急速反彈的時期（見圖表1-3），相當流行在網路上買賣股票，還出現了很多股票達人的著作，或億萬富翁的部落格。

不過說穿了，那個時期不管買哪支股票都會上漲。如果拿市價持續上漲的股票去質借，繼續把錢投入市場，就能一口氣增加資產。反過來說，這或許是高級者或中級者都辦不到的高超技巧。

圖表1-3　日經平均指數線圖

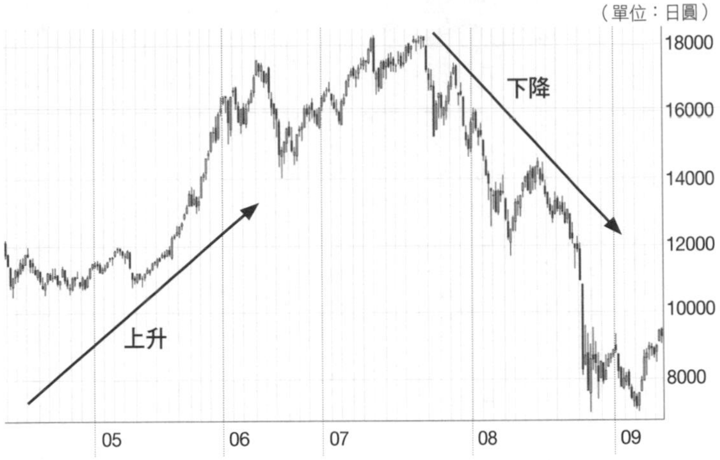

市場的趨勢改變時，只要能稍微認知「自己是菜鳥」，就能毫髮無傷地全身而退。只要賺得比本金多，在某種意義上就可以說是成功了。

然而，大部分的新手原本就沒有嚴密的計畫、策略或戰術。到了二〇〇六年，即使市場沒有明顯的趨勢走向，變得難以操作，依舊靠直覺認為價位還合理而繼續買入。自以為是高手，心想「至今都賺錢了，所以接下來也能繼續賺下去，錯的是市場」。

二〇〇七年因為美國的不動產泡沫化，全球股價同時下跌，再也

圖表1-4　美金兌日圓線圖

（單位：日圓）

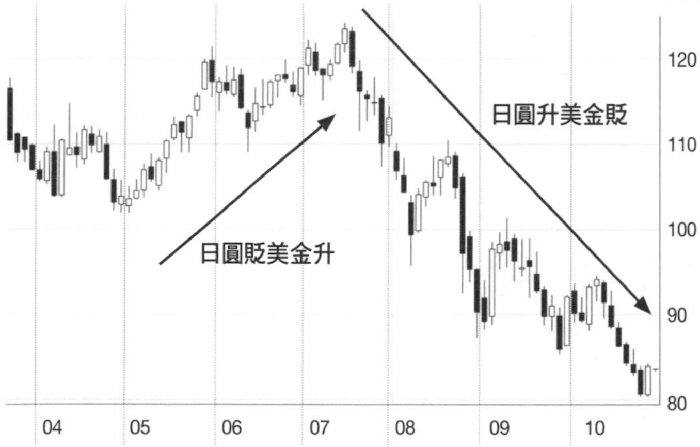

無法輕易回到原本的價位，買入的股票也賣不掉，只好放著不管，使其處於「晾著的狀態」。結果，一下子就瞬間就回復到新手的狀態。倒不如說，原本就是新手。

這個原理就連外匯市場也不例外。由於二〇〇五年到二〇〇七年日圓走跌，所以當時不只是美元，就連其他貨幣也都呈現上升趨勢（見圖表1-4）。

再加上日本與海外還有利差，因此投資外匯時，可以從匯率與利差兩方面賺到錢，可以說是「一箭雙鵰」。

這種槓桿作用（抵押小額資

金，進行大筆金額的交易）是外匯的特徵，只要這種槓桿能充分發揮作用，用幾十萬賺進幾億可能都不是夢想。事實上也真的有這種人存在。

然而，不了解市場有多可怕的人，最後都會來不及抽身。當日圓在二〇〇七年中，開始轉向時還繼續購買外幣，最後蒙受巨大的損失，不再更新部落格的人非常多。

第8件事 學會主動停損，而不是被迫停損

由古至今，初階者總是重複著同樣的錯誤，這是因為大部分的初階者連常識都沒有，別說是幾年了，甚至幾小時就退場。那麼，為了進階到中階，該怎麼做才好呢？

萬年菜鳥放棄投資時，都會在最後丟出以下台詞才退場：「是市場的錯」、「是那傢伙不好」、「不適合我」「外行人果然還是太勉強了」等。**另一方面，有可能進階到中階的投資人，會謙虛地承認自己的失敗，反省自己做錯的地方，並思考可能對接下來有幫助的提示或課題，然後腳踏實地反覆鑽研。**

舉例來說，二〇〇八年的全球金融危機，導致日經平均指數暴跌到只剩下七千元左右時，應該會覺得百年難得一見、前所未有的機會來臨了。但是，在二〇〇五年或二〇〇六年購買股票或基金的初階者，大多就這麼放著不管，或是等到價格已經比買入時還要低很多，才下定決心停損（賣出持有部位，確定損

失）。

在這種情況下，即使認為某支個股的股價已跌到谷底非買不可，也會不敢買進。這是因為看到超乎想像的暴跌時，會覺得股價可能還會下探，不想承受更多虧損的心理作祟。

尤其是有些人原本就沒有停損紀律，沒有設定一旦出現某些帳面損失就要認賠殺出，而是承受不了逐漸擴大的帳面損失才不得不停損，或許當時只想趕快忘記股票的事。基本上，**一旦停損就能忘記股價波動的確很輕鬆，但如果是因為痛苦的抉擇才被迫停損，一旦從市場撤退，就再也沒有勇氣進場，遲遲無法振作。**

遺憾的是，這種人在別的地方也會再犯相同的錯誤。聲稱再也不玩股票的人，一旦在雜誌或電視上看到「外匯很好賺」、「新興國家的股票很好賺」、「債券很好賺」、「每月配息的基金很搶手」，就會不假思索地出手，想要把股票的損失賺回來。

然而，回顧過去曾發生的事實，可以知道當一般報章雜誌也開始報導時，表示波段差不多走到盡頭了。因為當世人開始炒作，就表示在某個程度，市場已經趨於成熟了。

像是一般的大眾媒體開始說「投資人回頭投資股票」的時候，股價其實已經漲到某個程度。一再成立新的基金，也是在已經掀起某種程度的熱潮之後。下跌時也是同樣的原理。一旦晚報上出現「日經平均指數下探五千元」這種超悲觀的標題，其實就表示波段已經快到盡頭了。

第9件事

多看股票書，因為連巴菲特都還在學習

當初階投資人以晉升中階為目標時，什麼是最重要的關鍵呢？就是尊重市場並累積經驗，不論成功或失敗都要冷靜地面對，身體力行地理解知識。

不要一口氣把所有的錢都押下去，而是要一而再、再而三，慎重地進行最小額的買賣，這就是所謂的「練習期間」。

為了進階到中階所需要的時間和經驗，會因為投資人的素質而不同。只是，不管素質如何，無疑還是需要相當多的努力。舉例來說，中階者應該要閱讀至少五十本投資參考書，有的高階者甚至熟讀了超過一千本書，像這樣的熱情是不可或缺的。

另一方面，萬年菜鳥通常很小氣，連買書或上課這種只能算是小錢的資訊成本都捨不得花。寧願砸下大筆的交易手續費，不斷承受巨大的損失，也不願意花點學費。

不過，費盡千辛萬苦擠進中階的投資人，應該都能從市場上把過去花的資訊成本賺回來，可能還會想要成立公司，把這種成本當成經費報銷。

中階投資人之所以經常保持低調，是因為他們不會把自己的事告訴別人。或許他們一開始會出自善意指導別人，但是慢慢地，或許覺得對徹頭徹尾的初階者說什麼都沒用，或是認為對方應該自己查資料、思考一下。

即使他們設身處地給對方建議，對方只會死纏爛打求答案，最後甚至囂張跋扈地抱怨，明明照做卻還是失敗。但實際上，對方根本是囫圇吞棗、一味模仿。而且，明明是為了對方著想才提出忠告，卻反而遭到怨恨，背上莫須有的罪名；或是明明把費盡千辛萬苦得到的心得傳授給對方，卻反而遭到中傷，簡直太莫名其妙了。

如同我已說過好幾次的，也有幾乎不研究、光靠直覺就能成功的投資人。我不否認世上有與生俱來的天才投資客，或是受命運之神眷顧的人。但問題在於，自己真的是投資天才嗎？即使有位天才說：「不了解市場也無所謂」、「不看書也無所謂」，自己是不是就真的不用學習呢？

世上的確有不用怎麼準備考試，就能考上東京大學的天才，但這並不表示自己也可以不用準備考試就考上東京大學。

這點只要看運動選手或藝術家就知道了，大部分的天才為了讓才能開花結果，都做了很多努力。他們多半都在背後付出相當大的心血，而且不把辛苦當辛苦，所以才完全看不出來。或許本人是因為開心才這麼做的，才不會認為那是在努力。但如果看到他們那種遊刃有餘的態度，就放心地覺得自己什麼都不做也所謂，那就太荒謬了。

或許有人會認為這樣簡直是爾虞我詐。但不管是投資也好、做生意也罷，勝過競爭對手本來就是天經地義。想當然耳，即使拚命準備考試，也不見得就能考上東京大學。不同於投資，聯考畢竟是一年一次的勝負，所以就更不用說了。就好比即使已經付出血汗努力過，也不見得每個人都能成為成功的職業運動選手或藝術家。

努力不見得一定會有回報。明明已經學會投資的常識，閱讀大量的書籍、參加各式各樣的投資講座反覆研究，也學了心理學和資金管理，還是有人賺不到錢。倘若學習方法或腦內投資組合沒問題，可能就是不適合投資。

只是，就我自身經驗可以斬釘截鐵地斷言，像我這種平凡人，為了成功都必

須盡量彎下腰來努力才行。而且事實上，我直接或間接認識的中、高階投資人，都非常認真、勤作功課。就連我認為是天才的人都在努力了，我怎麼可能不努力就成功。

第10件事

如何看懂股票書？關鍵在於要學的是思考

逛書店是我的興趣之一，以前曾經有過在出版社幫忙跑書店推銷的經驗。一看到喜歡的投資書就會拿起來翻一下，如果看到吸引人的地方，就會買下來。

前面說過「中階者至少看過五十本書」，這並不是絕對的數字，而是意味如果不看那麼多書，就無法建立起自己的腦內投資組合。實際上，有人看了一百本書以上，也有人只看了十本就建立起腦內投資組合。

不管怎樣，中階投資人會在自己的腦海中建立好，事先想好要在什麼時候進場，又要在什麼時候賣出，也會先在腦海中模擬資產將會如何增減。

以擠進中階為目標的投資人，會把書籍當做研究材料，以幫助自己描繪出理想中的交易模式。換句話說，看書是為了得到解決問題的「線索」，進而找出自己腦海中的投資組合有什麼問題。

之所以稱為「研究」是有原因的。為了進階到中階，必須找出自己擅長的投資手法，並且不斷地精進。對於在上述過程中得到的資訊，不要只是單純填鴨式地吸收，而是要仔細查證，找出以下問題的答案：「這麼做會怎樣？」「這種型態可以在什麼時候運用？」因此，我認為「研究」這個字眼，比「學習」更適合用來形容這種行為。

如前文所述，腦內投資組合依個性而定，千差萬別，沒有絕對的正確答案。因此，經常見到對某些人完全沒用的書，對另一個人卻非常有用。同樣地，也有對自己有用，但對別人完全沒用的書。當然，也有三年前對自己沒什麼幫助，如今卻讓自己刮目相看的書。

另一方面，萬年菜鳥看不到問題出在哪裡，只會對書中的內容照單全收，不加以求證就付諸行動。書中寫的是作者的研究成果，縱然作者一帆風順，不表示自己也能長期順風順水。關鍵在於，這些資訊對自己是不是有用的研究材料。

高階投資人對理財書的想法

新出版的書當中，幾乎不會寫到對自己的腦內投資組合有用的資訊，但還是要隨時打開雷達，努力收集情報。即便是很昂貴的書，只要能從中找到一條對自己的投資有用的線索，就十分值得。

中階投資人對理財書的想法

只要稍微翻閱一下，就能在某個程度上理解內容，判斷這些資訊對自己的腦內投資組合有沒有用。雖然買書或參加講座等收集情報的行為要花很多錢，但是可以從市場上獲得更多的利益。

初階投資人對理財書的想法

只是將書中的資訊照單全收，無法昇華為知識或智慧，結果依舊不能建立起自己的腦內投資組合，遲早都得從市場上撤退。自己無法負起責任，老是認為：「是市場錯了」、「是這個社會不好」、「以前都這麼做還不是賺錢了」、「時機有點不對」等，一直為了證明自己沒有錯而找藉口。

只要把市場視為戰場，就知道投資人的等級在戰場上一點都不重要。重點只有輸或贏而已。只看了一、兩本入門書，只經歷過幾次買賣的初階投資人，要與研究了上百本的書，有過千次以上買賣經驗的高階投資人在同一個戰場上戰鬥。

如果只看一、兩次的戰果，初階投資人的確有可能因為運氣好而贏了一把，這也就是所謂的「新手運」。但是當戰局周而復始地展開，實力就會展現出來。大部分的初階投資人都非常天真，兩手空空地就闖入，至少也要做點準備再上戰場。而且為了累積經驗，應該慎重地以少額的資金開始戰鬥，以免只是被流彈打到就變成致命傷。

第11件事 學會釣魚（選股方法），而不是聽明牌

各位聽說過在網路上針對股票、外匯、期貨等，販賣投資訊息的付費情報嗎？它們的的廣告文案如同以下所列。

「只需三年就能把三十萬變成三億元的投資法」

「知名基金經理人獨自掌握三億元資金的投資術」

「利用複利滾出八千倍」

「輕鬆地運用自動買賣」

「放著不管也能月領一百萬的祕訣」

付費情報的行情從不到一萬塊到十萬元不等，投資叢書的行情一般為一千五到三千元，所以比較起來，前者異常地貴。

個人認為付費情報的網站看起來都大同小異，宣傳的內容也給人「有點太誇張」的印象，而且絕大部分都寫著，任何人都可以同樣輕鬆地賺大錢。最近還演了全套的大戲，在號稱能看穿付費情報陷阱的網站上，販賣著號稱可以「放心」的昂貴情報。

我因為工作的關係，為了想知道究竟是怎麼回事，曾經買過一些這樣的情報。然而，大都還是要靠自己判斷，無法輕易模仿。由於有很多要靠自己判斷的部分，所以消費者無法提出抗議。

「徹底地保護銷售者本人」是大部分付費情報共同的特徵。例如對退費設下種種限制，表現得極為含糊，簡而言之，就是安插了許多退路。以防止走漏消息為由，也不肯詳細地說明買賣邏輯。既不肯公開詳細的驗證結果，個別的買賣結果也基於同樣的理由，只能看到「總共賺了多少點（pips，外匯報價的最小單位）」，這種聽起來很模糊的數字。

投資人頂多只能從中學到行銷的方法。網站上充斥著聽起來很有道理的花言巧語，寫滿了讓人以為說不定真能賺到錢的文案，就連對付費情報頗有微詞的我，也險些受到蠱惑。換言之，這類網站的真正目的其實只是要賣情報。

有人購買付費情報，是因為網路上的風評很好。然而，如果將不曉得是從哪裡來的人所做出的評價照單全收，等於把自己的資產曝露在風險中。因為他或她們並沒有責任，結果投資人只能自己負起責任來。所以在相信那些風評以前，請先想好自己要負起全責。

老實說，如果要購買這一類的付費情報，不如去書店花個三千元買一本投資書回來研究，還比較有可能進步。反過來說，大部分這方面的付費情報從內容的深度來看，多半連出版社都不願意出版。

或許有人以為只要花幾萬塊、幾十萬，就能得到別人不知道的投資法。但不管是一千五百元的情報，還是八萬塊的情報，都取決於當事人要怎麼運用。怎麼可能只花幾萬塊，就能得到別人不知道的投資法，而且這麼做對他們有什麼好處？其實只要仔細想想，就能發現其中有詐。

世上沒有不為人知、而且任何人都能長期輕鬆賺錢的投資法。就算真的有贏面非常大的優異手法，如果不懂得如何操作，結果還是會失敗，這就是投資。

說了這麼多，還是有人會因為對投資不了解而購買付費情報；然而，既然不懂就最好不要出手投資。對於購買付費情報的人，或許比起投資法來說，購買付費情報更讓人感到刺激。但如果投資人沒有投資的知識和經驗，就不會有看穿情報真偽的能力。如果想學投資，書籍及講座還比較有效率。即使不能像付費情報那樣讓人一夜致富，用來學習也綽綽有餘。

實際上，我花了三萬塊買來參考的付費情報內容，與一千五百元的書上寫的內容根本沒兩樣，而且比這不值錢的付費情報很多。另外，沒有出版社編輯幫忙潤飾的付費情報，看起來很難理解，有很多莫名其妙的地方。

找到個人的投資法是一條漫漫長路，但如果要進行長期投資，就必須花時間學習與研究，並且透過實際的買賣累積經驗。

第12件事

聽到某個人用5萬賺上億時，別相信！

日文中有這麼一個說法：學習這個單字是從模仿而來。的確，不妨藉由閱讀成功者如傑克・施瓦格寫的書《金融怪傑》，描繪出自己理想的樣子，模仿對方成長的過程。

只不過初學者很容易原封不動地模仿講座或投資書裡的介紹，不久之後就會發現，只是模仿的話很難得到同樣的效果。

例如看到《主婦用外匯每個月簡單賺進十萬元》這類的書，或許會下意識地拿起來看。這種書名當然不完全是胡說八道，作者或許真的每個月都能平均賺進十萬元。問題是那筆錢是用多少資金賺來的？答案說不定是五千萬元的閒置資金。以五千萬元的資本額來說，每個月十萬元（一年一百二十萬）的進帳，等於二・四%的年利率。

這數字聽起來或許不賴，但如果書名為《主婦透過外匯，以年利率二・四%

操作五千萬元的方法》，大部分的人應該都不會拿起來看，而是視而不見地走過去吧。

另一方面，這樣的書名，通常不會讓人想到一個月損失二十五萬、或一個月賺進四十五萬。要是一開始交易的那個月就突然損失二十五萬元，應該就會停止交易了，但是初階投資人可能不會想到這些，還以為每個月都能穩定地賺進十萬元。

書店裡有許多《從五萬元開始外匯交易》或是《我用外匯賺十億》為名的書籍。站在出版社的立場，必須要利用具有衝擊性的書名，吸引視聽者的目光，所以這也是無可厚非。但是人們往往只接收自己有興趣的資訊。

「什麼？只要五萬元就可以開始玩外匯？用我的私房錢就可以投資了，還有人賺了十億元啊……。這麼說來，新聞好像報導過用外匯賺了幾億元的人還逃稅，原來外匯也可以從小額開始，輕鬆賺大錢啊！」

有人透過外匯賺了好幾億卻不報稅，也有人積極地承受巨大的風險，將小額的資金滾成以億為單位的大錢。然而，**若是不知道對方的投資策略、投資經驗、資金水位及風險承受度等，就只擷取自己想聽的部分開始投資會非常危險。**

不只投資，守成要比創業困難多了。不管是漫畫家、運動選手、開餐廳的還是企業家，不可否認在這個競爭的社會裡，被迫退場的人要比勝利的人多了幾十、幾百倍。所以首先，比起用小額的資金賺大錢這種天方夜譚，不妨設定明確的獲利目標（利潤），努力地活到最後。為此必須腳踏實地地練習，認真地參與投資。

那麼，需要多長的練習時間呢？比較常聽到的說法是「一萬個小時」。假設每天從早上八點到晚上六點，花十個小時埋首其中，需要一千天；就算週末假日都不休息地持續下來，大約也要三年；如果一年的工作天只有兩百天，則要延長到五年。

一般人都不太重視這段練習期間，所以在找到自己的腦內投資組合之前，就把本金賠光了。而且還不肯承認錯誤，在退場的時候盡扯一些自己不適合投資、開始投資的時機不對、那本書騙人，或是「當時要是那麼做就好了」的藉口。

因此，我**建議可以把投資經驗五年、投資書五十本及買賣經驗五百次，設定為練習期間的標準**。長達五年不放棄，不斷磨練投資直覺非常辛苦，但是只要有可以看完五十本投資書、買賣五百次以上的決心，投資技術自然就會向上提升。

第13件事 股票價差很大，能冷靜的人才會贏

對於以中階為目標的初階投資人而言，最理想的環境莫過於身邊有個可以商量的高階投資人。只可惜，**他們通常都不會告訴別人自己賺錢的事，因為以前有過太多不愉快的回憶。**

「何時進場才能賺錢？」這是許多萬年菜鳥內心最真實的聲音。但我已經說得口水都乾了，打從什麼都不思考，只會跟別人要答案的那一刻起，就已經大錯特錯了。此外，只在乎進場的時機也是個問題。中階投資人已經有自己的買賣紀律，會在進場前先決定好退場的時間點，然後嚴格遵守上述紀律，冷靜地買賣。

初階投資人則完全沒有這方面的買賣紀律；就算有，無法遵守也是枉然，還有人就只是想買賣而已。舉例來說，有人聽到朋友（也是初階投資人）自吹自擂，用某檔股票賺了十萬元，第二天就會去買同樣的股票。或者是不知道選股的方法，就從雜誌推薦的個股中選擇「有聽過」的股票來投資。買股票對這種人而

言，只是一種興奮的行為。

這時，即使高階投資人好心地建議：最好把選股方法及買賣時機紀律化，興奮的初階投資人也聽不進去，但是在問問題時倒是挺積極的。就算接受忠告停手，市場畢竟是市場，初階投資人打算買的個股可能剛好上漲。雖然仰賴運氣的投資不可能持久，但是聽了對方建議才錯失良機的心情卻愈來愈強烈，終至惱羞成怒。

遺憾的是，大部分的初階投資人都不認為自己是新手。所以，如果對他們說：「你只是個初學者，所以要謙虛，請將過去的投資行為全部反省一遍，從頭開始學習與研究」，對方只會覺得自己的一切受到否定，甚至為了反擊而說出更難聽的話。

心靈扭曲的人會在背後說：「那傢伙只顧著自己賺錢」、「那傢伙是小氣鬼」、「其實沒有在市場上賺到錢」，或是在網路的留言板寫下批評的話。對高階投資人而言，等於是好心沒好報，自然會憤憤不平。至於那些說著花言巧語靠過來的馬屁精，並不是對高階投資人有興趣，而是對他們的錢及知識感興趣。一旦沒有好處可撈，就會立刻翻臉不認人。

因此，高階投資人多半都會認為，還是保持沉默才是上策。面對這種高階投資人，最好不要太麻煩對方，在謙恭有禮的應對同時，不要與對方扯上太深的關係，只默默地埋首於投資的研究及實踐即可。明明沒有人拜託，卻興高采烈地大肆宣揚，在市場上賺錢或賠錢的英勇事蹟的人，基本上一定是初階投資人。這種人在市場上不怎麼高明，嘴巴倒是挺高明的。

當然，高階投資人中也有人會寫書或演講，因為他們深知市場不會只有單純的局面，為了保持穩定的收入，也有人會從事這類的工作。另外，有的投資人是因為老是被當成無業遊民，為了向世人有個交代，或證明自己過去做過什麼事才出書。

我認為投資也是很了不起的職業，明明大家都認為在銀行或證券公司上班的營業員很了不起，卻認為投資客是無業遊民、或不曉得在做什麼的人，這不是很奇怪嗎。

恐怕是因為有很多人都認為，利用投資賺來的錢是「快錢（不義之財）」，不費吹灰之力就能得到。然而，**透過投資輕鬆就能賺大錢，只不過是證券公司或出版社為了營業額所創造出來的幻想。截至目前已經講過無數次了，愈是成功的**

人，愈努力埋頭研究，而且能承受多數人無法承受的精神上痛苦。

投資完全是一個要自己負責、自立自強的世界，所以很容易宅在家裡不出門，與其他人的交流也很容易停滯不前。因此，有人為了結交朋友，雖然不會直接寫出自己的研究成果，但還是會不著痕跡地寫下，只有熱衷研究的人才會知道的「提示」。另外，也有人透過教別人的過程，將自己的思考整理得更為明確（我就是其中之一）。

另一方面，也有人明明不曾實際在市場上留下成績，卻寫出「常勝祕訣」之類的書。總而言之，只要是靠自己的力量追求買賣的紀律，為了找出自己的腦內投資組合而努力不懈的人，應該就能看穿作者是真正在市場上賺到錢，還是只會畫大餅或紙上談兵的人。

Note

Chapter 2
K 線很老實、基本面很重要的「選股法則」

第14件事

學習股價分析法

股價分析法大致分為「基本分析」與「技術分析」。

基本分析是指投資個股時，透過利率及經濟指標（GDP成長率及失業率等等），或者是各企業的定量數據（營收展望及各種財務報表等等）、定性數據（經營方針等等）判斷股票「價值」。

技術分析則是將過去價格或成交量加權製成指標，並藉由指標的動向預測股價的走向或波段。例如，名為「移動平均」的指標，就是擷取一段期間的價格平均值，畫成均線，以表示股價波動的大方向。

至於哪一種分析手法比較好，則沒有標準答案。因為兩種分析法都有人實際鑽研到極致之後，獲得豐碩的成果。因此，其優劣可以說是取決於使用者本身。當然，也可以兩種方法並用。實際上有很多投資人採取以下的作法，只是先後順序因人而異。

・利用基本分析過濾出有動能的個股。
・利用技術分析掌握住買賣的時間點。

無論是基本分析還是技術分析，都建議至少在練習股票操作期間，把自己的買賣手法事先寫在紙上，而且要具體到別人看了以後可以完全操作的程度。

第15件事

學習基本面分析法

在基本分析方面，基本面指標琳瑯滿目。以個股為例，有業績（財務報表）、產品和服務、經營策略、產業分析、競爭對手分析、產業環境，以及景氣循環等等，要考慮的問題很多。此外，光是業績就要看損益表、資產負債表、現金流量表。不僅如此，損益表也有各式各樣的項目，例如營業額、毛利、管銷成本、淨利、稅前淨利、特別損益、本期淨利等等。

PBR（股價淨值比）、PER（本益比）、ROE（股東權益報酬率）、PSR（市值營收比）等衡量指標，是以股價將企業基本面指標化，用來與其他個股或不同期間進行分析比較的工具。然而，光是這樣還不足以判斷投資標的，因為這種表面的資訊通常都已經反應在股價上。

另一方面，有的企業為了讓這些報表好看，而在數字上灌水。例如，二〇一〇年五月，涉嫌偽造財務報表，而遭東證Mothers下市的FOI公司。此外，有些企業雖然沒有違法，但明明實際的營收狀況欠佳，還是發表了看起來很漂亮的財務報表。

所以，我們必須要看懂數字背後的玄機與趨勢，然後從那些良莠不齊的資訊當中，挖掘出鑽石的原石（企業價值與股價之間有落差的個股，或具有成長潛能的公司）。具代表性的手法有：用「價值型投資法」找出股價明顯偏低的潛力股；用「成長型投資法」找出具有優勢（競爭力）且正在勢頭上的企業。前者最有名的箇中翹楚是班傑明・葛拉漢與華倫・巴菲特，後者則是彼得・林區。

我現階段沒有使用基本分析法，但絲毫沒有否定的意思，而是非常感興趣地學習。只是因為基本分析法目前不適合我現在的腦內投資組合，所以才沒使用。

價值型投資法與成長型投資法，都是把目標鎖定在從相對較大的趨勢中找出的「怪物型個股」。至於什麼是「相對較大的趨勢」，成長型投資法會注意股價走勢，而價值型投資法往往得花費以年為單位的時間，才能在市場上評價一支潛力股的真正價值。因此，我認為目前重點在於盡量累積買賣經驗，讓自己的腦內投資組合更為洗練。

第16件事 學習訊息面排除法

我不建議參考新聞或報紙的報導做投資。例如，有許多人看到股價上修、收益增長、併購、合併或引進中資等新聞報導，就忍不住買進那支股票，這就是所謂的「看報紙買股票」。

然而，衝動買股絕不會有好下場。因為等到我們知道的時候，消息早就已經轉過太多手了。就算是「金價暴漲」這種表達現狀的新聞，也必須將其視為「金價已經漲了這麼多」的已知事實。

「聽風聲買，依事實賣」是自古以來的股市格言。就算公布了漂亮的財報，企業的股價也不一定會上漲，因為股價可能已經反應過了。相反地若充分消化市場訊息，確定獲利才上車的人多半都會賣在停損點。最好還是順勢操作，不要加入被市場訊息所惑、亂買亂賣的行列，而是觀察個股動向，評估會不會獲利。那麼，如何才能不受市場訊息所搧動呢？這正是我使用技術分析的原因之一。

第17件事

活用技術分析

在各種線上下單軟體，都可以輕易看到股票、外匯、期貨的線圖。線圖是為了了解股價的現在位置的工具，可以看到過去到現在的股價波動、成交量及技術指標，宛如地圖一般。

技術指標是指將過去價格或成交量加權處理，用來顯示股價變動方向的工具。我所使用證券公司提供的線圖畫面中，可以經由簡單的操作顯示出各式各樣的技術指標如：成交量、RSI（相對強弱指標）、隨機指標、心理線指標、DMI（趨向指標）、RCI（順位相關指數）、MACD（指數平滑異同移動平均線）、度量指標、移動平均乖離率、布林線指標、拋物線指標、逆時鐘曲線、點數圖、一目均衡表等。利用這些指標掌握股價的趨勢，搞清楚買賣的重點，即是所謂的技術分析。

想當然耳，絕不是光靠指標就能輕易地搞清楚買賣的重點，進而輕鬆致勝。

各種技術指標都有所謂的「通說」。例如，ＲＳＩ是用來表示股價的過熱現象，七十以上為超買訊號、三十以下為超賣訊號。只不過，要是股價能永遠照通說變動，那就不會這麼辛苦了。

只要在網路上搜尋技術指標，就能找到滿坑滿谷的資料，說明使用方法及通說，但是請千萬不要囫圇吞棗直接參照。不要因為書上寫著「黃金交叉或死亡交叉沒有用」就不用，或是寫著「布林線很有用」才用，而是要靠自己的眼光判斷。

我建議投資人要用自己的方法來研究感興趣的指標。例如在使用剛才提到的ＲＳＩ時，請利用個股過去的數據，判斷通說是否行得通，是否以八十與二十為標準，或是加上一些先決條件（過濾條件）後是否能提升指標的準確性，又或是有沒有什麼方法可以用ＲＳＩ過濾其他指標。像這樣反覆再三地研究，就能產生運用該指標的自信。

使用技術分析即使運用相同的指標，結果也因人而異。你們可能會覺得有點誇張，但當我想像將技術指標運用到爐火純青時，腦海中竟浮現出壽司店師傅的畫面。

假設眼前擺滿了大間[1]的鮪魚和魚沼[2]產的越光米，但就算是這麼好的食材，像我這種外行人依舊捏不出好吃的壽司。

將《如何捏出美味的壽司》之類的書買回家邊看邊練習，有可能可以捏出模樣相似的壽司，但卻完全不好吃。這是因為食材的美味、煮飯的方式、壽司醋的使用，以及如何捏壽司的知識還沒發揮到淋漓盡致。

同樣地，為了將各種技術指標靈活運用，必須具備與專家無異的技術。但這樣的技術需要經過長年的經驗、學習及研究才能獲得，所以請投資人務必徹底地研究每一種指標。股市隨時都在變化，要在什麼樣的條件下使用哪個指標，不妨幫自己多出幾項作業，好好鑽研使用方法。不厭其煩地努力，找到適合自己性格的獨特指標，就是投資的第一步。

除了紙上談兵以外，實際在市場上累積經驗也很重要，如同壽司店的師傅

註1：位於日本青森縣，正對輕津海峽，該地出產的鮪魚可以說是鮪魚中的名牌。
註2：位於日本新潟縣，該地出產的越光米品質最優良，價格也最貴。

也是從切魚開始磨練自己的技術。在市場上反覆地進行買賣、不斷反省，藉此培養自己的技術與實力。市場上沒有隨時都管用、讓任何人都可以賺大錢的完美指標，只有適合自己投資性格的指標。

因此要對感興趣的技術指標進行反覆驗證，研究其優缺點，以及能夠發揮優點、彌補缺點的方法。現在有很多操作簡單的交易軟體，如Meta Trader或Ninjatrader，市面上也出版了很多介紹使用方法，以及可做為研究參考的書籍。

第18件事

看懂趨勢線、壓力與支撐

人不會永遠只處於順境，有狀態好的時候、好運不斷的時候，也有狀態不好、一直處於低潮的時候；股票市場也同樣有高有低。

了解市場的高低起伏，對投資相當有幫助。因為根據波段不同，基本分析和技術分析，都有能夠發揮作用及無法發揮的時候，而且，順著波段趨勢買賣，會遠比逆勢做買賣還要輕鬆得多。

在這裡有一個很重要的概念：趨勢。所謂趨勢指的是市場的大方向，由上升趨勢、下降趨勢、盤整趨勢這三個盤面所構成。

上升趨勢是指近期指數（或價格）最低點一路往上調整，突破了近期的最高點。反之，下降趨勢則是近期的最高點一路下修，跌破了近期的最低點。盤整趨勢指的則是沒有方向，在一定的範圍內來回遊走的局面（見圖表2-1）。

雖然說是趨勢，但價格並不會每天往同一個方向發展。上升趨勢會來來回回

圖表2-1　趨勢線

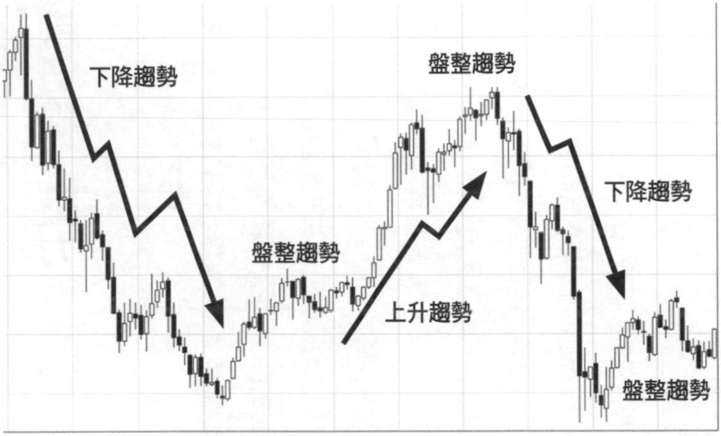

地墊高價位，一路上漲；下降趨勢則是來來回回地破底，一路下跌。換句話說，趨勢內會有好幾次微幅的震盪，其中還有好幾次更微幅的震盪趨勢，我們可以觀察到股價變動的最小單位（tick），如同俄羅斯娃娃一般越來越小。

在一個趨勢中產生的震盪稱為「回檔」、「反彈」。回檔是指發生在上升趨勢中的暫時性下降；反彈則是指下降趨勢中的暫時性上升。

一般來說，將短線操作加入腦內投資組合後，可能會變得「見樹不見林」，只注意到眼前的波動。舉例來說，明明日線（每日價格組成的線

圖表2-2　月線、週線、日線

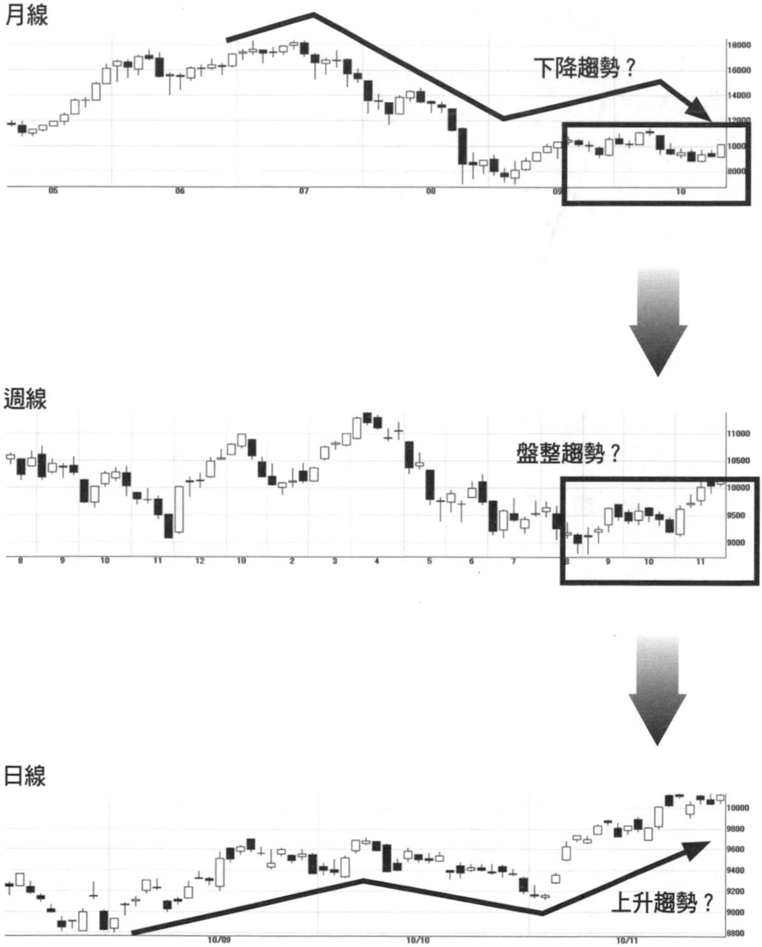

圖表2-3　壓力與支撐

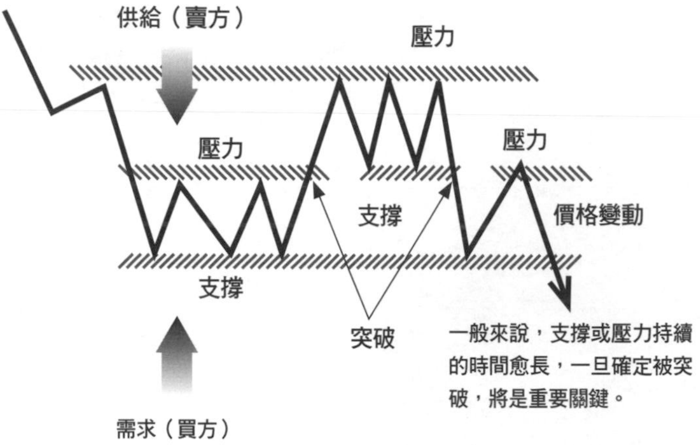

圖）走的是上升趨勢，週線（每週價格組成的線圖）卻在盤整，月線（每月價格組成的線圖）卻可能處於下降趨勢（見圖表2-2）。

經常有人說，利用日線建立買賣策略的時候，也要考慮到月線和週線的趨勢，唯有在方向一致的時候才進場。利用幾種不同時間軸觀察局勢，也是必須研究的關鍵之一。

由趨勢中的回檔與反彈形成的高、低點，或盤整趨勢所形成的範圍，是股價的「錨點」，值得特別注意。這在以前被視為是市場上買賣雙方角色互換的指標（見圖表2-3）。

將低點受到支撐所形成的錨點連

起來，稱之為「支撐線」。將高點被壓力頂住所形成的錨點連起來，稱之為「壓力線」。

根據過去的經驗，支撐線被視為好的買點，壓力線被視為好的賣點，尤其是這些線守住該價位的期間愈長愈是如此。不只是短期投資人，長期投資人更需要從這個角度來思考，這些線是有利的判斷依據。問題是，一旦這條線明顯地被攻破，價位就會像雪崩般倒向下一條線，這就是所謂的「突破」。

保持買方（需求）與賣方（供給）之間的平衡，是市場（股市）的社會功能，線圖顯示出的就是雙方交戰的狀況。

舉例來說，買方一旦突破賣方的第一前線基地（第一壓力區），就會順勢進攻第二前線基地（第二壓力區），然後被買方突破，而原本屬於賣方的基地就變成買方的第一前線基地（第一支撐區）。換句話說，完全被突破的壓力線會反過來變成支撐線。

然而，若買方無法攻占下一個基地，且勢力衰退，賣方可能會展開反擊，再次奪回買方的前線基地。線圖描繪出的正是這種買賣雙方的攻防戰。

第19件事

了解跳空下跌、橫盤整理

使用技術分析的投資人中，也有人不用技術指標，單看價格變動的型態判斷買賣時機（當然也有人兩者併用）。提到最具有代表性的型態，除了前面的突破之外，還有雙頭（雙底）型態、頭肩頂及三角旗形（見圖表2-4）。此外，日本傳統線圖畫法上的K棒，形狀也有固定的形態（見圖表2-5）。

K線還有其他各種組合的形態，其中的代表是「酒井五法」，只要上網搜尋，就會跑出許多介紹，所以本書就不一一詳述了。

用K棒繪製K線圖是很優異的作法，它能以圖像表現出買賣雙方的角力關係、市場上部位的比例及投資人心理。透過單一或者是好幾根K棒的排列組合，投資人可建立各種不同的假設，加以驗證後擬訂買賣紀律。也有人會結合K棒型態、技術指標及趨勢分析，計算買賣的時間點。

「三空」是酒田五法的其中之一。連續三根陰線向下跳空（當日最高點比前

圖表2-4 線圖型態範例

雙頭型態（M頭）

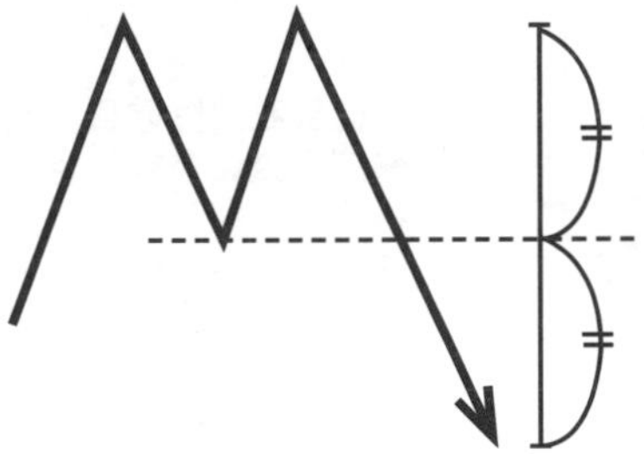

一般是上升趨勢結束後，開始下降趨勢前的盤整型態。
無法站上新高價，跌破眼前的支撐，下探的目標價將相當於頭部到支撐線之間的距離。
出現在低檔時，此型態則稱為雙底型態（W底）。

頭肩頂（三重頂）

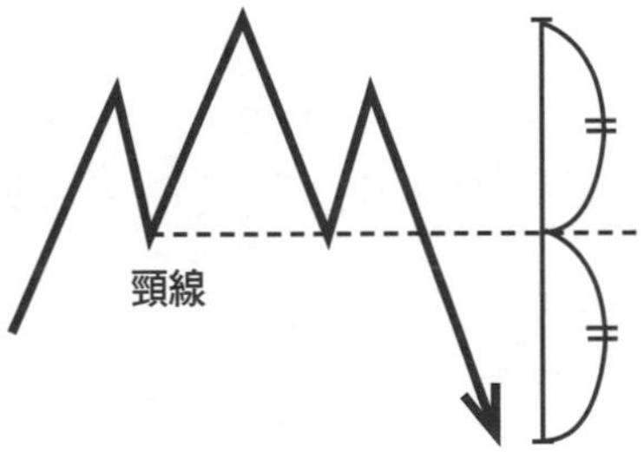

上升趨勢結束，形成三重頂的盤整型態。
此外，又稱為三尊型態。相當於脖子的地方稱為「頸線」，一旦跌破，下探的目標價將相當於頭部到頸線之間的距離。
出現在低檔時，則稱為頭肩底或逆三尊。

三角旗形

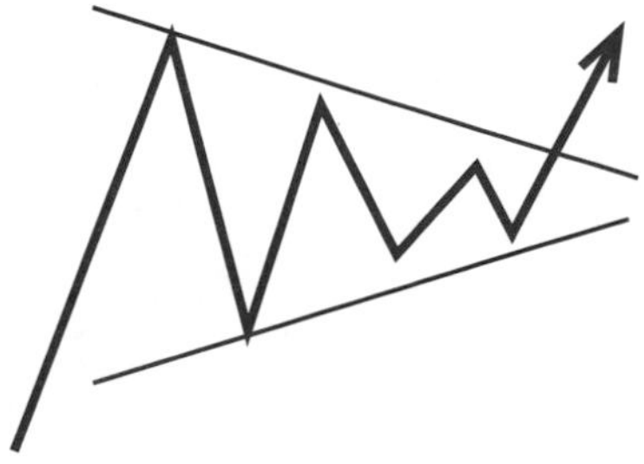

出現在趨勢中途的盤整型態。
位於上升趨勢的三角旗形雖然無法創新高股價，但也不會創新低。一般來說，股價突破此型態時，很有可能再創新高。

圖表2-5　陰陽燭

陽線＝開盤價＜收盤價　　　**陰線＝開盤價＞收盤價**

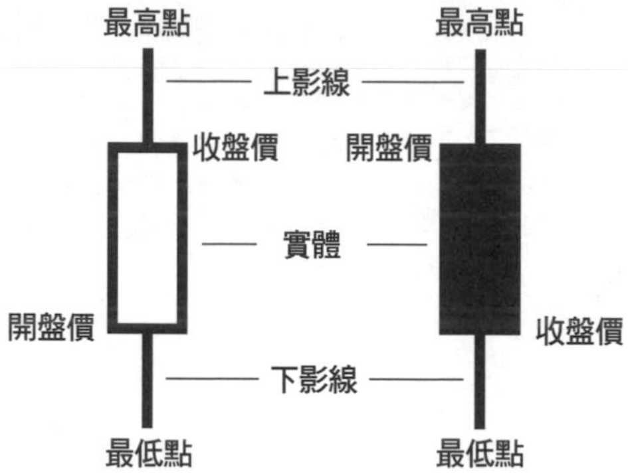

收盤價高於開盤價，實體部分為白色或紅色，稱為陽線。收盤價低於開盤價，實體部分為黑色，稱為陰線。K棒的優點在於，能一眼就能看出供需雙方在期間內的攻防戰。

長紅K
沒有上影線及下影線，代表不被看好。

長黑K
沒有上影線及下影線，代表買盤強勁。

T字線
沒有上影線，下影線很長。代表多方強，在低檔時則有可能反彈。

含下影線的中長紅K
沒有上影線，要注意代表不被看好。

含下影線的中長黑K
沒有上影線（收盤價等於最高價）代表買盤強勁。

墓碑線
上影線長，買氣低迷；在高檔時有可能趨勢反轉。

含上影線的中長紅K
沒有下影線，市場極度沒信心，買氣相當弱。

含上影線的中長黑K
雖沒有下影線，但要注意已有買盤。

蜻蜓線
下影線長；有望上漲，但趨勢尚不明朗。

紅紡錘線
有上下影線，實體比較短；買盤轉弱，為反轉訊號。

黑紡錘線
有上下影線，實體比較短；賣盤轉弱，為反轉訊號。

一字線
宜靜觀其變，趨勢可能反轉。

紅槌子／吊人線
下影線長，雖有機會上漲，但可能變成向上跳空的吊人線。

黑槌子／吊人線
下影線長，位於低檔時股價有可能反彈。

圖表2-6　三空型態

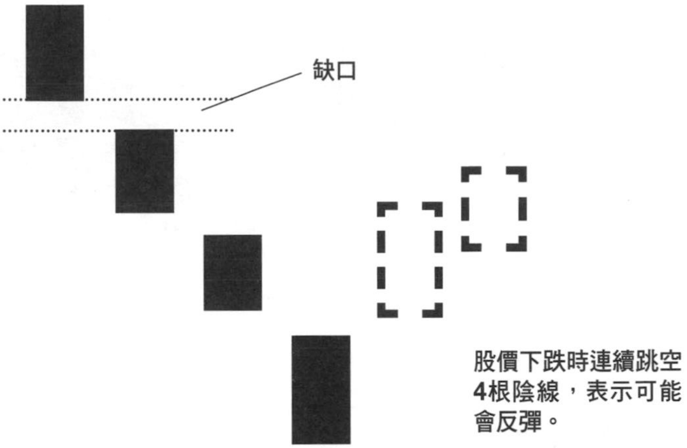
缺口
股價下跌時連續跳空4根陰線，表示可能會反彈。

一天的最低點還要低，兩根K棒間產生空隙的狀態），第二天就有可能轉為上升趨勢（見圖表2-6）。

這種型態經常會用來做短線逆勢操作。當然，如果因為書上是這麼寫的，就什麼都不想拿來隨便亂用的話，一定會失敗。

首先，重點在於必須事先驗證，這種型態適不適合運用在自己鎖定的市場上；很多買賣軟體都能進行上述的驗證。如果不擅長操作電腦，也可以密集地追蹤線圖、模擬交易，然後再反覆地進行最小額的買賣，透過經驗累積驗證。

關鍵在於，必須事先設定好各式

各樣的前提條件及數值，再確認這個型態及技術指標是否最具「優勢」。這麼一來，當利用此優勢所擬定的交易策略，以及能將上述優勢發揮到淋漓盡致，因應而生的交易了結與資金管理紀律全都到位以後，一套完整的買賣策略就大功告成了。判斷「優勢」時，我採用的基準是勝率、盈虧比與期待值。例如，圖表2-7中我驗證了TOPIX所有個股，在三空隔天的開盤掛買、十天後的開盤掛賣，結果為各位整理如下。

- 驗證期間：一九九〇年～二〇〇八年
- 勝率：五三・五％（三三四一勝、二九〇三敗）
- 盈虧比：一・〇八
- 期待值：〇・六三％

接下來我將會為大家介紹勝率、盈虧比與期待值的思考邏輯；在此先姑且一提，從以上結果可以看出，期待值不如預期。日後將繼續研究，如何藉由勝率及盈虧比提升期待值，以及這個型態的優勢又在哪裡。

圖表2-7　驗證「三空型態」

年	勝	負	勝率	期待值	平均持有天數	年利率
1990	113	133	45.90%	-0.50%	12.3	-13.00%
1991	159	137	53.70%	0.30%	12.3	6.80%
1992	114	126	47.50%	-1.00%	12.3	-24.00%
1993	181	151	54.50%	0.90%	12.4	23.20%
1994	202	132	60.50%	1.00%	12.4	28.20%
1995	151	129	53.90%	1.20%	12.2	29.00%
1996	131	162	44.70%	-0.40%	12.7	-13.10%
1997	143	142	50.20%	-1.00%	12.8	-26.60%
1998	166	148	52.90%	0.60%	12.4	10.00%
1999	259	228	53.20%	2.00%	12.5	86.80%
2000	264	171	60.70%	2.00%	12.6	71.80%
2001	180	160	52.90%	0.40%	12.7	10.00%
2002	162	180	47.40%	0.20%	12.6	3.10%
2003	229	158	59.20%	1.80%	12.6	58.20%
2004	197	138	58.80%	0.50%	12.5	13.70%
2005	240	138	63.50%	1.90%	12.7	58.20%
2006	162	156	50.90%	0.30%	12.7	8.20%
2007	159	164	49.20%	-0.40%	12.7	-8.20%
2008	129	150	46.20%	-0.30%	12.3	-7.70%

第20件事

運用勝率

在投資的時候，很難不把重心放在勝率上。的確勝率一多的話，就會十分開心，因為這能證明自己的研究是對的。

然而，一旦周而復始地買賣、運用資產，就會發現百分之百的勝率是癡人說夢話。就算是投資怪傑巴菲特或索羅斯，至今也還是會有失手的時候。

既然沒有百分之百的勝率，那麼不管勝率再高，還是會有失敗的時候。換句話說，正因為勝負乃兵家常事，不該為一次買賣的勝負耿耿於懷，只要一再買賣的結果能夠增加資產就夠了。

總讓人意外的是，新手的買賣策略通常勝率都有五〇％以上，但是總結下來資產還是縮水的原因，無非是因為賺錢時的獲利太小，賠錢時的損失卻很大，也就是所謂的「賠多賺少」。

所以我的作法則是，反過來將目標鎖定在以下條件：就算勝率只有五〇％也好，賺錢的時候確保至少有十萬元的獲利，賠錢的時候則是把損失控制在八萬元以內，，並且以這種「賠少賺多」的買賣紀律反覆操作。

有一種法則名為「大數法則」，指的是在不影響其他試驗的狀況下，一再重複某個試驗，就能提高發生某種現象的機率。也就是說，只要能一再反覆執行勝率五〇%的買賣紀律，就會愈來愈接近百分之五十的勝率。就我認為，累積兩百次的嘗試就能逐漸靠近其本來的機率（細節會在後面章節說明）。

買賣個兩百次，就能接近五〇%的勝率，指的是假設一百勝一百負，根據前述賠少賺多的買賣紀律，獲利為十萬元×一百勝＝一千萬元，損失為八萬元×一百敗＝八百萬元，還是能留下兩百萬元的獲利（不考慮手續費及稅金）。

我腦內的投資組合，會為了短期內實現這種大數法則，增加買賣的次數。

第21件事

運用盈虧比

提高勝率這件事本身並不是太困難，只要願意縮小獲利、放大損失，勝率就會上升。舉例來說，我曾利用二〇〇八年的日經二二五期貨數據，驗證以下買賣紀律：開盤訂單成立後，馬上用比開盤價多十元的定價掛賣，若無法獲利了結，也要在收盤時平倉。

只不過，在現實的市場上，因為買單與賣單要維持供需平衡，就算比開盤價漲了十元，自己的訂單也不見得能成立。這時可以用「若當天的最高點比開盤價漲了二十元以上，就有十元左右的獲利」這個計算方式做驗證。

此外，賣出策略也可以用同樣的方式驗證。開盤掛賣，訂單成立後馬上用比開盤價少十元的定價掛買。倘若當天的最低點比開盤價跌了二十元以上，就賺了十元（不考慮滑點，也就是不計入實際成交價與約定值之間的落差及手續費）。

觀察最近的線圖，可以發現似乎有十元左右的價格波動，很容易讓人以為或許能以百分之百的勝率賺錢，至少我就是這麼想的。大日經二二五期貨的價格光是往上漲十元，也就是一口（最小交易單位），就能產生一萬元的獲利。

實際上，根據二〇〇八年的數據，買賣的勝率非常高，逼近了九〇％。一年內各自進行兩百四十次左右的買賣，其中就有兩百二十次左右的勝利，失敗不超過二十次。只是，關鍵在於資金是否增加。事實上明明只有一〇％的失敗機率，但是失敗時的金額很大，所以資產是縮水的。

賺的時候有十元左右的價差利潤，所以平均獲利當然是十元。另一方面，賠的平均損失高達一百五十七元左右的價差。簡單地計算一下，獲利為兩千兩百元（十元×兩百二十次）、損失為三千一百四十元（一百五十七元×二十次），等於是以負九百四十元（也就是九百四十萬元的虧損）收場。

換句話說，不光是勝率，也必須考慮到勝利時的獲利，以及失敗時的損失之間的比率。這個比率稱為「盈虧比」，也有人稱之為「損益比」、「損益率」等等。就算勝率高達九〇％，倘若盈虧比太差，資產還是會急速縮水。當然也可能會反過來，就算盈虧比有四，要是勝率只有一〇％，績效還是負數。

損益兩平需要的勝率及盈虧比如圖表2-8所示。買賣策略勝率為四〇％時，贏

圖表2-8　損益兩平需要的勝率及盈虧比

勝率 20%	盈虧比 4
勝率 30%	盈虧比 2.33
勝率 40%	盈虧比 1.55
勝率 50%	盈虧比 1
勝率 60%	盈虧比 0.66
勝率 70%	盈虧比 0.42
勝率 80%	盈虧比 0.25
勝率 90%	盈虧比 0.11

的時候會產生平均一萬五千五百元的獲利，輸的時候會產生平均一萬元的損失，所以進行兩百次左右的買賣後，就能接近損益兩平。不過，考慮到實際交易時產生的手續費，其實績效還是負的。

順帶一提，我理想中的勝率為六〇％。因此，若盈虧比未達〇・六六以上，資產就不會增加。我的目標是勝率六〇％、盈虧比一・五。不過，這只是我個人的策略，勝率及盈虧比的目標因人而異。

舉例來說，若想搭上市場趨勢的順風車，亦即「順勢操作」，必須持有部位一段時間，才能獲取比較大的利益。因此有人即使在勝率四〇%以下的時候，也能巧妙地加以運用。另一方面如果要做短線，由於可以期待的價格變動有限，重點在於要設定嚴格的停損紀律以提高勝率。

為了在市場上增加資產，勝率並非最大的問題。問題是自己的資產會在眼前增減，必須要有強韌的心理素質才能承受。換句話說，必須將自己的性格及風險承受度考慮進去，設定理想的勝率及盈虧比。

第22件事

運用期待值

如果以下必須二選一，各位會選哪一種呢？

有七三%的機率可以得到兩萬元。

有一九%的機率可以得到八萬元。

大部分的人都會選前者。然而，相較於前者的預期獲利為一萬四千六百元（兩萬元×〇．七三），後者為一萬五千兩百元（八萬元×〇．一九）。由此可見，其實是後者的條件比較好。

為何大部分的人都會選前者，那是因為憑直覺認定，就算賺少一點也要選擇機率比較高的。而且也沒有考慮到次數，以為上述例子中的選擇僅限一次。

然而，投資的問題在於期間及買賣的次數。假設上述例子是持續一千天、每天選一次的遊戲，結果又會如何演變呢？前者是以七三％與二七％的機率重複著能不能得到兩萬元，後者則是以百分之一九％與百分之八一％的機率重複著能不能得到八萬元。

依照大數法則，重複一千次以後，可以預測兩者的平均獲利分別接近一萬四千六百元與一萬五千兩百元。也就是說，相較於前者的總獲利將近一千四百六十萬元，後者將近一千五百二十萬元，差距為六十萬元。

那麼，將這個遊戲改成以下這樣如何？

有七三％的機率可以得到兩萬元，猜錯的話則損失五萬元。
有一九％的機率可以得到八萬元，猜錯的話則損失一萬九千元。

也就是說，前者的勝率為七三％，盈虧比為○・四；後者的勝率為一九％，盈虧比為四・二。每玩一局，前者的預期損失為一萬三千五百元（五萬元×○・二七）。另一方面，後者的預期損失為一萬五千三百九十元（一萬九千元×○・八一）。

如果為了實現大數法則，兩者都重複一千次，相較於前者的總損失為一千三百五十萬元，後者的總損失為一千五百三十九萬元。再把前面算過的獲利計入，前者反而能留下正值的獲利，後者則是虧損。

像這樣，多次操作後的總獲利與總損失的比率稱之為「期待值」（或是獲利因子〔Profit Factor〕，也就是總獲利除以總損失後的數值。相較於前者的期待值為一．〇八（一千四百六十萬元÷一千三百五十萬元），後者的期待值為〇．九八（一千五百二十萬元÷一千五百三十九萬元）。

事實上，大數法則一旦實現，期待值不到一的買賣紀律就會出現損失。當期待值為一，則損益兩平。當期待值超過一，大數法則也得以實現，就會產生獲利。順帶一提，日本二〇一一年夏天及年底炒作得沸沸揚揚的彩券，期待值聽說是〇．四六。每一百元只能期待四十六元的獲利。即使花三十億，把一千萬張、每張價值三百元的彩券全部買下，彩金也不過十四億元。

遺憾的是，人們以為總有一天能中獎，只要持續購買，就會越來越接近大數法則。然而，彩券收益的有四〇%會分配給各種公益團體，一五%則是各種相關單位的經費（政府預算審核會的期待值似乎微幅上升）。**那麼，為何還有那麼多**

人要繼續買彩券呢？這是因為人們不會完全按照數字來判斷機率，而是本能地參考累積的經驗。

人們傾向對非常微小的機率給予過大評價。也就是說，面對高達數億元的頭獎獎金，但中獎機率幾近於零的彩券，會抱著過度的期待，因而對機率的感覺麻痺了。倘若偶爾中個一萬元的四獎，或者是沒中的號碼和中獎號碼只差一號的話，就會抱著更大的期待。

另一方面，人們也傾向對相當大的機率給予過小評價。例如在幾乎人人有獎的摸彩中抽到「再接再厲」的話，情緒上所感受到「沒抽中」的機率，會是實際機率的好幾倍。人類就是像這樣，無法依照數字評價機率。

還有，當參加提供報酬的遊戲時，必須支付「參加費」。以前面提到的彩券為例，即為分配給各種公益團體及相關單位的經費。如果是投資，則是匯損或付給證券公司及交易所等等的經費（手續費）。只要買賣的勝率不到百分之百，就無法避開這類成本。所以既然都要投入成本，與其買彩券把錢奉獻給官商勾結的特權階級，我認為用來投資還比較有意義。

雖然話是這麼說，但我的投資方針是透過反覆操作壓低成本，以取得遠超過成本的獲利，並以這種具有優勢的模式實現大數法則。為此，我日夜研究該如何得到這樣的優勢。

第23件事

了解4種短線交易

依據部位持有期間（時間軸）的差異，短期買賣也有不同的名稱。

搶帽子交易＝瞄準當天些微的價格波動，不斷地買賣。
當沖交易＝瞄準當天的價格波動，當天完成買賣。
波段交易＝瞄準兩到三天價格的震盪幅度。
趨勢追蹤＝追蹤數週至數個月價格的大幅變動。

適合自己的部位持有期間也會因生活習慣、風險承受度或性格而異。舉例來說，在公司工作的上班族，很難像搶帽客那樣一整天盯著螢幕，自行判斷買賣。另一方面，波段交易或趨勢追蹤就很適合上班族，因為可以在出門前或回家後確認數據、下單。

至於當沖交易，如果做法是像延長戰線的搶帽交易，以數分鐘到數小時為單位來回買賣，也不適合上班族。不過，如果只是預測當天的K棒是陽線或陰線，開盤掛買、收盤掛賣的交易方式，就連上班族也能勝任。

重要的是在交易以前要先建立嚴謹的買賣紀律，並且嚴格遵守。我經常聽到有人做當沖交易卻沒停損，最後只有將它「封存」以領取股利，或者收到股東贈品就喜上眉梢。像是這種交易做法，完全無法提升投資能力。

至於風險承受度，一般而言，時間軸愈短，獲利或損失也相對愈小；時間軸愈長，獲利或損失則相對愈大。如果是當沖交易，獲利或損失頂多是當天的漲跌幅；但如果是波段交易，因為要抱著不放，漲跌幅也會拉大，因此獲利或損失很容易跟著變大。此外，追蹤趨勢時如果遇上大波段，也許會有非常可觀的獲利，但如果持續盤整，沒有獲利不打緊，可能還得一直停損。

如此可知，時間軸愈短，勝率愈高；時間軸愈長，勝率愈低。做波段時，為了抓住巨大的獲利，必須能承受一定程度的虧損，可能還會出現單年度的損失。眼看著資金逐漸變少，還要遵守紀律，其實需要相當強大的意志力，因此比較適合已經有一定累積經驗的人。

設定好不會影響生活習慣的持有期間，選擇精神上能充分承受的風險容許範圍，才能決定適合自己的腦內投資組合。能承受自己的錢減少到什麼程度，是設定風險容許範圍的重點。

比起贏來的金額，人們對輸掉的金額更有感覺。例如損失一萬元感覺起來，會比獲利一萬元還要大。所以不要只在腦海中模擬輸掉的金額，而是必須透過經驗，了解自己實際上能夠承受多大的風險。

第24件事 我用「機械化投資法」，執行買賣紀律

在開始投資時所閱讀的書籍中，有些字句在當時可能沒有任何感觸，但是累積過經驗後再回頭來看，可能會在那些字句停留，或是在腦海中迴盪。對我而言，「投資要用機率來思考」正是這樣的一句話。

用機率來思考的作法不見得適合每個人，但是很適合我的性格。我主要以小日經二二五期貨進行當沖交易。九點建倉，十五點十分平倉；或是在交易期間發生突破的時間點建倉，收盤平倉；有時候則不將部位留到收盤，逕行獲利了結或停損。無論如何，都會在當天之內出脫建立的部位。

由於買賣交易都在一天內完成，大方向的經濟動向對交易沒什麼建樹。長期來看，基本面或許會反映在價格上，但短期還是以供需及情緒對價格的影響比較大。投資的關鍵也只在於那天到底會漲還是跌，所以無論是參考基本面或技術面建倉，又或者丟銅板決定，正面就買進、反面就賣出，也還是會有猜中跟猜不中

的時候。

至於我選擇日經二二五期貨為投資標的的原因是，參加者愈多的市場，價格波動愈接近「自然的法則」。因為市場上想買進的人與想賣出的人，都是依循著各自的想法進行買賣。

當買進的想法比較強烈，一開盤就會以比較高的價格開始買賣；若賣出的想法比較強烈，則會從比較低的價格開始買賣。一整天下來的買氣如果比較強烈，就會呈現陽線，反之則以陰線作收。

於是我便從過去的數據驗證今天會是陽線還是陰線，決定要建倉的日子。附帶一提，像這樣驗證過去的數據，找出一定的優勢，未來在進行機械化的買賣時，也要思考上述優勢行不行得通的作法，稱之為「系統交易」。不過雖說是「機械化」，未必一定要有電腦。只要嚴格遵守寫在紙上的買賣紀律進行買賣，就是系統交易。

我投資時考慮的事，只有今天進場時要買還是賣，以及是否要建倉，如此而已。這並不是什麼難事，只要想好一定的條件，持續往那個方向前進即可。

例如，如果用以下條件進行驗證：今天如果是陰線，明天就買進；今天如果是陽線，明天就賣出；但是如果今天的開盤價跟昨天的收盤價一樣就不建倉，會發現二〇〇〇到二〇〇八年的九年間，大約有兩千次的買賣機會，勝率為五三％左右。

如果把手續費列入考慮，就會知道這個買賣紀律不能直接拿來用。但是，只要收集過去這多達兩千次的樣本，且往後這個買賣紀律也能發揮效用的話，繼續交易也可以。這個前提能成立，就是參考之前已經提到過無數次的大數法則。

第25件事

了解「大數法則」

不只是金融商品，在各式各樣的交易中都會用到大數法則。舉例來說，保險公司會收集過去的意外發生率、火災發生率與疾病罹患率等的眾多樣本，找出一定的規律性，開發保險商品。

為了確認大數法則，讓我們實際丟一下骰子（見圖表2-9）。這在波・優達（Bo Yoder）所寫的《期貨交易入門》（Optimize Your Trading Edge, McGraw-Hill，2007）中也有介紹，敬請參考。

圖表由左（1）而右（20）註明每擲二十次的結果。例如一開始的二十次，骰子出現1的次數為三次、2為四次、3為一次、4為兩次、5為八次、6為兩次。相較於5一共出現了八次，3只出現過一次。換句話說，因為樣本數還太少，結果出現「偏差」。而第一個二十次中，出現了十二次奇數、八次偶數，以機率而言，分別是六〇%與四〇%。

圖表2-9 A　試擲骰子（1～700次）

1	2	3	4	5	6	7	8	9	10	11	12	13	14	15	16	17	18	19	20	次數
1	1	5	6	5	2	3	4	2	5	5	5	5	6	1	5	2	2	5	4	20
5	4	5	4	1	2	2	4	3	3	3	6	5	1	1	5	4	1	3	2	40
2	6	3	5	3	3	5	2	4	5	4	4	1	4	4	4	2	1	2	6	60
4	2	4	1	1	3	6	2	3	6	5	6	1	5	3	3	3	1	6	1	80
6	4	2	1	6	6	4	5	1	6	1	1	6	6	5	2	2	4	3	5	100
3	3	1	1	4	2	1	6	1	4	5	6	6	6	6	6	3	5	2	2	120
6	6	5	3	2	1	5	1	6	2	5	1	5	4	1	2	4	4	3	2	140
1	1	2	4	1	5	6	3	1	2	3	3	3	5	1	4	1	5	2	6	160
2	1	3	2	2	3	3	2	4	4	4	6	2	1	4	5	5	2	6	2	180
6	5	2	2	5	4	3	3	5	5	6	6	6	4	3	2	2	3	5	2	200
6	3	4	4	3	4	1	2	5	5	6	4	1	1	6	6	3	3	1	6	220
4	2	6	5	5	6	6	3	4	2	5	2	6	6	4	3	2	2	4	6	240
3	6	3	6	5	5	1	2	3	3	6	5	3	2	6	1	6	6	1	4	260
5	6	2	1	4	6	1	4	2	2	4	3	3	3	2	6	3	5	2	2	280
2	4	5	6	1	2	1	3	5	1	4	2	1	4	4	2	1	1	2	6	300
4	4	1	1	5	6	6	6	5	3	3	3	4	3	2	6	4	3	5	1	320
2	1	2	6	3	4	3	5	1	1	3	3	4	5	5	5	4	4	6	1	340
5	3	3	3	3	4	6	1	3	4	4	6	3	2	2	2	6	4	3	2	360
3	4	5	6	2	1	1	4	1	6	6	2	2	5	3	6	3	3	1	5	380
5	4	3	2	3	6	6	1	5	6	6	2	1	2	4	1	6	6	4	2	400
4	4	1	1	5	6	6	6	5	3	3	3	4	3	2	6	4	3	5	1	420
3	6	5	6	5	2	1	3	3	4	3	2	1	3	2	1	1	3	5	4	440
5	5	1	2	2	4	1	3	4	4	4	2	1	3	3	3	5	4	5	5	460
2	4	6	3	3	5	6	2	3	4	6	2	3	6	1	3	6	3	6	2	480
1	5	5	3	3	3	5	4	3	2	3	2	5	2	4	5	5	4	4	6	500
3	1	4	4	4	2	1	1	5	6	4	3	5	2	6	2	1	2	4	5	520
6	3	4	4	1	6	6	2	3	4	2	6	4	5	4	5	3	5	5	1	540
6	5	2	6	1	3	1	6	5	2	2	5	2	4	5	6	2	3	6	4	560
1	2	2	4	5	3	5	5	3	4	2	5	1	6	5	2	2	4	1	4	580
4	1	3	6	4	3	6	6	2	5	2	6	1	2	5	3	4	3	3	3	600
6	6	5	1	5	2	1	6	1	2	3	6	3	2	5	5	4	3	4	3	620
5	3	2	6	3	5	3	2	5	2	3	3	2	5	2	5	5	2	4	5	640
6	2	5	6	6	3	3	2	3	4	5	2	1	2	6	6	5	4	5	4	660
6	4	1	1	3	5	3	1	6	4	5	1	1	4	6	3	4	5	6	2	680
6	3	4	5	3	3	3	2	3	3	2	4	3	4	4	3	1	1	4	4	700

圖表2-9 B　試擲骰子（701～1400次）

1	2	3	4	5	6	7	8	9	10	11	12	13	14	15	16	17	18	19	20	次數
4	3	1	5	6	2	1	3	3	1	2	2	6	5	5	3	2	6	4	1	720
3	5	5	5	1	2	3	6	6	6	2	3	6	4	3	5	5	3	5	6	740
4	3	3	2	6	5	6	3	3	2	5	4	2	1	4	6	1	1	5	5	760
1	6	2	5	2	6	6	1	5	3	5	3	3	3	6	1	3	3	4	4	780
5	3	4	5	2	3	2	6	5	5	5	2	3	6	2	1	2	6	4	5	800
1	4	4	4	3	2	6	5	1	2	2	6	4	4	5	6	3	5	5	6	820
4	6	2	1	6	4	5	6	5	2	4	4	6	6	3	3	4	4	1	2	840
2	5	1	1	4	6	3	1	4	4	4	1	2	4	5	6	4	4	5	1	860
6	3	1	1	6	2	4	4	4	4	2	1	4	2	6	1	3	4	3	1	880
1	6	4	2	1	1	4	3	3	5	2	3	1	3	3	4	1	2	5	5	900
6	1	5	5	2	2	2	1	5	6	3	1	2	5	5	3	6	1	2	2	920
1	4	2	6	2	4	6	4	1	6	2	1	3	5	3	4	3	2	4	5	940
2	2	5	1	2	1	5	5	3	6	5	1	6	1	5	5	4	2	2	5	960
1	1	2	4	1	1	3	6	3	4	5	6	3	3	3	4	5	2	1	5	980
5	5	1	5	2	1	1	2	3	3	3	3	5	2	5	1	4	3	1	1	1000
1	2	4	6	1	2	6	6	1	2	4	5	2	3	3	6	1	2	6	3	1020
5	2	1	1	6	4	3	1	4	4	4	1	2	4	5	6	4	4	5	1	1040
1	1	2	4	1	5	6	3	1	2	3	3	3	5	1	4	1	5	2	6	1060
2	1	2	1	6	2	1	1	2	2	3	1	4	3	5	6	1	3	2	1	1080
1	3	4	6	1	1	2	3	1	3	2	5	2	6	6	4	1	2	5	4	1100
4	4	1	1	5	6	6	6	5	3	3	3	4	3	2	6	4	3	5	1	1120
1	5	4	4	5	5	1	6	1	1	5	5	6	5	1	5	1	1	3	4	1140
4	2	1	4	2	3	1	5	4	6	6	6	6	4	5	1	6	4	5	2	1160
2	4	5	6	1	1	3	5	2	4	5	3	5	2	1	4	1	1	5	1	1180
4	4	2	5	4	4	3	2	4	6	3	1	4	3	3	1	4	5	2	4	1200
4	1	3	5	1	1	3	4	3	3	3	5	3	2	4	1	2	1	2	6	1220
6	4	3	2	6	4	2	2	6	5	1	2	1	1	2	2	6	3	2	1	1240
5	2	4	6	1	4	5	6	5	4	3	6	5	2	2	6	1	2	3	6	1260
2	3	5	6	6	6	1	1	6	4	3	4	6	6	6	2	3	6	5	1	1280
1	1	2	3	6	3	3	4	1	3	5	6	1	3	5	5	6	5	1	3	1300
3	3	3	4	4	4	1	3	3	2	1	1	2	4	1	2	3	6	6	4	1320
2	2	2	6	6	6	6	2	3	3	3	5	2	6	3	3	6	6	6	6	1340
1	5	4	4	6	5	5	1	6	3	5	1	2	5	6	6	5	2	2	1	1360
4	6	6	2	1	1	1	3	2	2	3	6	5	4	1	3	6	5	1	2	1380
1	4	5	6	4	4	4	6	6	4	6	6	2	3	5	6	2	4	5	6	1400

圖表2-9 C　試擲骰子（1401～2000次）

1	2	3	4	5	6	7	8	9	10	11	12	13	14	15	16	17	18	19	20	次數
5	4	2	4	4	6	4	2	4	4	4	1	3	4	1	6	2	5	4	2	1420
4	5	6	1	5	6	6	1	4	5	3	1	5	3	2	5	2	5	4	6	1440
1	2	6	5	1	2	4	6	4	5	5	5	6	6	4	3	4	4	3	6	1460
2	3	1	5	1	4	4	5	4	2	1	1	2	2	3	5	5	5	2	2	1480
1	5	3	6	1	3	6	5	1	1	5	6	1	2	2	3	3	4	4	2	1500
5	2	5	4	5	4	2	2	1	2	2	3	4	3	6	6	2	2	4	6	1520
3	2	6	6	6	3	2	4	5	3	3	6	1	4	3	5	1	2	2	6	1540
6	5	1	5	1	2	1	3	2	1	3	6	1	6	4	4	6	5	3	1	1560
3	5	6	1	5	5	3	3	4	1	6	1	4	5	2	1	6	2	6	1	1580
2	4	1	3	3	4	5	2	1	6	3	2	6	5	2	4	2	2	4	1	1600
6	5	1	3	2	4	4	5	4	5	5	6	2	1	5	4	5	5	1	5	1620
4	5	4	6	6	5	2	2	4	4	2	4	1	2	4	4	4	2	2	3	1640
1	2	5	3	1	2	5	2	1	3	6	6	6	3	1	2	3	4	2	1	1660
3	4	6	2	4	5	6	6	6	6	5	2	6	5	4	4	1	2	3	5	1680
4	1	3	5	1	6	4	4	1	3	4	2	1	6	4	2	5	1	6	1	1700
1	5	6	6	4	5	4	3	1	1	6	5	5	4	3	2	4	5	1	1	1720
1	3	4	2	6	6	5	5	3	4	6	3	2	4	3	4	1	3	4	5	1740
3	3	5	1	3	3	1	5	1	4	6	3	4	6	5	1	5	2	5	1	1760
3	5	5	6	2	2	5	3	4	4	4	6	5	2	4	3	5	6	1	4	1780
2	2	1	4	5	4	3	2	1	2	3	6	6	4	3	1	6	4	2	3	1800
2	4	2	5	1	4	3	6	6	5	5	2	6	6	2	5	1	2	5	3	1820
1	3	3	3	1	1	3	4	4	2	1	6	5	3	1	2	3	5	5	2	1840
1	5	4	6	1	4	3	5	1	2	3	6	6	5	2	3	6	4	2	2	1860
6	2	3	3	6	6	5	3	1	3	3	5	1	4	4	5	6	6	2	4	1880
6	5	1	3	1	4	5	6	1	6	3	4	1	2	4	5	6	6	6	1	1900
2	4	4	5	5	5	4	1	2	3	4	5	3	3	3	2	6	6	4	3	1920
1	6	5	4	5	5	5	4	1	3	3	4	6	6	3	4	6	6	2	5	1940
1	2	6	5	1	1	3	2	6	5	3	3	1	3	6	4	1	1	5	2	1960
1	2	2	4	1	2	4	6	2	4	5	4	2	2	6	6	1	2	5	6	1980
1	2	2	1	1	4	5	3	6	5	2	1	6	5	4	4	2	2	4	5	2000

圖表2-10　機率

・擲20次時的機率	**奇數……60.0%**	**偶數……40.0%**
1……15.0%	**2……20.0%**	**3……5.0%**
4……10.0%	5……40.0%	6……10.0%
・擲500次時的機率	**奇數……49.8%**	**偶數……50.2%**
1……15.2%	**2……17.0%**	**3……18.8%**
4……16.0%	5……15.8%	6……17.2%
・擲1000次時的機率	**奇數……50.8%**	**偶數……49.2%**
1……15.3%	**2……17.0%**	**3……18.3%**
4……16.2%	5……17.2%	6……16.0%
・擲2000次時的機率	**奇數……49.9%**	**偶數……50.1%**
1……16.6%	**2……16.8%**	**3……16.6%**
4……16.8%	5……16.7%	6……16.6%

然而，擲愈多次骰子，出現1到6的機率愈來愈平均。擲完兩千次以後，奇數為九百九十七次，偶數為一千零三次。幾乎可以說是各占五○%。實際上，在擲到第兩千次以前，已經出現過好幾次奇數與偶數正好是五○%的情況了（見圖表2-10）。

此外，相較於一開始的二十次，六個數字出現的機率非常分散，範圍從五%到四○%。但擲完兩千次以後，機率範圍縮小至十六・六%到十六・八%，幾乎相同。真是驚人的大數法則，這個循環證明擲骰子的機率並沒有「歪斜」。

然而，如果將以下條件經過將近

兩千次的驗證：今天如果是陰線，明天就買進，如果今天是陽線，明天就賣出；如果今天的開盤價跟昨天的收盤價一樣就不建倉，機率是機率是五三％與百分之四七％，看起來似乎有點歪斜。

另外，如果只驗證二〇〇八年單一年度證，買賣次數為兩百三十次左右，勝率稍微超過五五％。因為買賣的數量還少，可以觀察到這個結果，但即使是這麼單純的策略，在二〇〇八年的股市也產生了獲利。

那麼，二〇〇九年以後是否還能維持五五％以上的勝率呢？或許有人認為歪斜會消失，趨近於五〇％，也有人認為股市的傾向（流行）會持續好幾年，這點會隨著自己的思考模式及腦內投資組合而異。

重要的是在自己決定的期間內，要對自己有信心。就算出現七〇％與三〇％的結果，只要樣本數還不夠多，就有可能隨著次數增加，逐漸接近五〇％。

如果有一千個以上的樣本數（買賣次數），還是出現七〇％與三〇％的結果，反而是祕密武器。但是，會有人慢慢注意到這個祕密武器，所以結果通常還是會接近五〇％。

只要實際驗證過去的數據，就能發現次數愈多愈接近五〇％。如果把自認為

「行得通」而擬訂的買賣邏輯拿去實際驗證，應該會充分體驗到，最後結果是這個方法幾乎毫無優勢可言。

在研究買賣手法時，必須不厭其煩地重複收集過去的數據↓產生靈感↓驗證↓繼續產生靈感↓驗證。就算有十個靈感，一旦花時間下去驗證，也很常發現它們連一個都派不上用場。

研究二字說起來籠統，其實就是要耗費龐大時間與勞力的行為，要像化學家那樣孜孜不倦地一一進行確認。**提到投資，或許會給人很厲害高深的印象，然而實際上是不停地重複著相當繁瑣的作業，也正因為如此，成功時的滋味才會格外甜美。**

Chapter 3
抓對進場時機、確保出場獲利的「買賣戰術」

第26件事

下手買賣前，該做的個股功課是……

我認為投資最重要的是以下三點。

- 長期地持續操作
- 長期地增加資產
- 別把時間花在買賣上

我腦內的投資組合，加入了頻繁的短線操作，可是實際花在買賣上的時間，與購買基金或現股這種從事長期投資的人，其實相去無幾。我一天只花十分鐘左右，執行的也只是任何人都能勝任的單純作業：把每天的數據及買賣的損益輸入到Excel表裡，一旦出現訊號就下單。

提到短線操作、當沖交易，腦海中或許就會浮現出一整天盯著電腦螢幕的模

圖表3-1　花在投資上的時間

利用投資長期地增加資產的人　　　無法增加資產而放棄投資的人

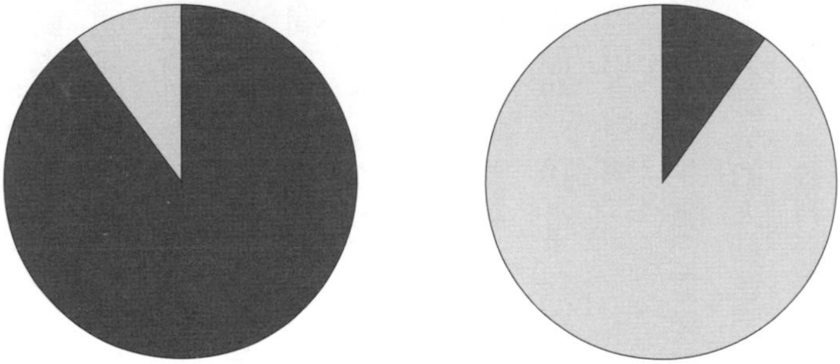

下單前動腦 90%
下單後的作業 10%

下單前動腦 10%
下單後進行錯誤的嘗試 90%

樣，但其實並非如此。

我採取的方針是一旦持有部位，接下來只要機械式地遵循之前就決定好的買賣紀律即可。因此，不太需要思考建倉或平倉的時機。

大部分的初階投資人，都是先買股票再思考賣掉的時機。因為他們不管三七二十一就買進，花在準備的時間和腦力只有一成。另一方面，因為是抱著部位後才開始想要在哪個時間點賣掉，所以花在實際買賣上的時間和腦力是九成（見圖表3-1）。

然而，就我所知能長期增加資產的投資人，多半是在持有部位的時候就已經決定好要如何賣出，而且照計畫執行。**所以就花在投資上的時間來說，他們把九成的時間和腦力都用來準備，花在實際行動上的時間只有一成。**

而他們如何使用這九成的準備時間與腦力，依投資策略而異。舉例來說，如果是做長線投資股票的人，會把全部的時間花在分析一家公司，選擇最理想的個股；看K線買賣的人，則是會把時間花在比較現在與過去的數據。以我為例，會把九成的時間和腦力花在找出過去的型態，進行驗證。

由此可知，讓投資人成功的手法及策略多如繁星。總結來說，下單與賣出的時機與條件（獲利了結或停損價格，以及使用的技術指標等），都要事先自己決定好。**一成用來實際買賣的時間，則是不花腦力的單純作業**。一旦股價來到事先設定好的建倉價位，接下來只要重新下單即可。等到訂單成立後，再制定平倉的賣出條件（也包含停損）。

所謂的買賣是指把自己重要的資金，丟到不確定的市場上。因此，在實踐買賣的過程中，大部分的人都會因為緊張或恐懼，又或者是毫無根據地樂觀認定應該能賺到錢，結果導致判斷失準。由此可知，一切都要事先決定好，而且嚴格遵守紀律，以免讓感情有機會介入買賣的作業裡。

很多人都沒有留意到，持有部位以前和以後的心理就跟談戀愛一樣，前後有天壤之別。**毫無根據的樂觀預測、貪婪或恐懼的心態，很容易對維持買賣紀律造成不良的影響，尤其是出現帳面損失的時候，心裡更是充滿矛盾衝突。所以對於以中階為目標的投資人來說，關鍵是如何加強自制力、維持紀律。**重點在於要把時間花在準備上，透過經驗客觀地掌握住自己的心理，藉此培養自信。

在一定期間內（例如半年左右）累積了買賣經驗以後，必須確認資產是否在預料的範圍內流動（資產有沒有增加）。若是不如預期，不妨重新審視投資策略，進行修正。最糟糕的情況是必須考慮是否要停止、放棄該投資策略。

第27件事

選擇退場時機

不管投資標的是基金、股票、外匯，我們的注意力很容易集中在進場的時機。然而，主要影響結果的其實是退場的時機（其實，影響更大的是要知道進攻、防守的時機及如何控管部位。不過這是中階投資人的該努力的，在這裡就先略過不提）。退場當然也可能包括停損，尤其必須事先花時間研究，確定獲利的時機與停損的時機。

然而，**大部分的初階投資人在進場的時候都很熱切，但是退場的時候則幾乎沒有思考**。因此，知名分析師或證券公司的營業員甚至報章雜誌，都拼命地鼓勵他們進場，但卻沒有人要告訴他們該在何時賣出。

我們在花錢買東西的時候，目的通常是為了消費。如果是食品，買回來就會吃掉；如果是電器產品，更是為了使用而購買，所以通常會一直用到壞掉或膩了。至於汽車或書，由於二手市場已經很成熟，或許也會考慮要賣掉；但因為是消耗品，賣出的價格通常會比買入的價格還要低，應該沒有人是事先想好賣掉的時機、轉賣的利益才買下去。

一般而言，工作是為了獲得等值的金錢，並用相對應的金錢購買必需品，金流就是像這樣從不同的地方進出。或許是這個習慣使然，人多半都把注意力集中在購買基金或股票，不會去想賣掉的事。即使理智很清楚遲早有一天必須賣掉，但是因為沒有養成這方面的習慣，所以才不知道該如何思考。

所以我們應該把投資視為一門「生意」。舉例來說，把五百元買進來的東西加上附加價值（給自己的報酬）以一千元賣掉，是日常生活中常見的商業行為。倘若眼光夠精準，或許還有人會願意出兩千元買下，萬一看錯行情，即使出三百元也賣不掉，可能會留下一屋子的庫存。

第28件事

遵守買賣紀律

「投資是生意」的想法非常重要，請容我著墨一番。在《金融怪傑》這類由成功投資人所寫的書中，經常可以看到「把投資視為一門生意來操作」的說法。

做生意要花成本，舉例來說，假設下個月要開一家紅豆餅店，就會有各式各樣的成本，像是開店所需的場地費用（房租）、招牌費用、設備費用、進貨費用、廣告費用，以及人事費用等。不光是初期投資，一旦開業，還必須面臨各式各樣的營運成本，例如水電費用、材料費用、垃圾處理和報廢費用等。

有時候一天可以賣出很多紅豆餅，有時候一個都賣不出去。原因五花八門，例如營業的地點、天氣、季節、當天是星期幾、時段等。

有鑑於此，不可能只因為單日的營業額不理想就突然歇業，即使有時候無法達成銷售目標，至少要以月損益來判斷。即使單日的營業額有高有低，若是根據市場調查，知道要每個月營業二十五天，每天從早上十點到晚上九點開店，其中有十天是賺錢的，賺到的錢（即四〇%的勝率）能產生盈餘（達成目標），這樣就夠了。

同樣地，投資也有電腦費用、資料費用、手續費用，以及停損造成的損失等成本，既然有賺錢的日子，就有賠錢的日子，重點在於要以月或年為單位來檢視結果。當然，投資畢竟不是開紅豆餅店，兩者的差異之一就是進場時機。

假設紅豆餅店的營業時間為早上十點到晚上九點，就是早上十點開店，晚上九點打烊。從某個角度來說，這是強制性地開店與關店，因此可以用「日」為單位，檢查是盈還是虧。另一方面，投資的進場時機並未強制規定，而是必須自己決定。尤其是初階投資人，沒有明確地訂出這個時機，經常會因為樂觀地預測，而拖拖拉拉地讓損失持續擴大。

當然，即使損失一時超出承受範圍，也有可能吹來一陣「神風」讓一切出現轉機。不過，這種幸運會成為不好的前例，反而造成致命的損失。以投資為例，打烊時間非常自由，但是必須在開門之前就決定好打烊的條件，可能是時間、獲利金額或損失金額等。無論結果如何，重要的是必須依照開店前就決定的時間打烊。

就紅豆餅店而言，如果當天的營業額不理想，就枉顧事前的市場調查，將營業時間毫無意義地延長到晚上十一、二點，只會讓成本不斷墊高而已，這種異想天開的想法只會讓身心俱疲。

一到晚上九點就打烊、清理店面，然後以煥然一新的心情迎接第二天，在早上十點以前備妥材料，進行開店的準備。每天必須重複做同樣的事，否則無法確認這種經營策略是否能每個月產生獲利。

投資時，非常重要的是遵守自己事先決定的規則，以平常心執行，也就是遵守紀律。不要因為當天的心情，而增加部位或者延遲下單時機。只要確定必勝的模式能持續下去，就必須遵守紀律。當然，曾經做出的結論絕非不能改變，重點在於要不斷研究。有時候，依據累積的經驗、狀況的變化，也必須修正軌道。

競爭對手看到你的店賺錢，於是將他的店開在附近並不奇怪，或許你的店隔壁還會出現章魚燒店。因此，你要記錄、管理並分析每天的銷售數據，如此一來，就能理解自己的店有什麼優勢、熱賣的時機為何，以及有什麼問題等。

藉由研究這些數據，也能判斷是否要調整自己的營業方式，例如變更進貨數量、變更營業時間、搬遷店鋪等。不過，這些判斷並非在營業時進行，而是應該在開店以外的時間進行。

投資也是如此，藉由管理自己的腦內投資組合與每天的數據，來改變策略。不過，這也必須在買賣以外的時間進行。在執行買賣的過程中，遵守紀律至關重要。

第29件事 選擇介入個股的時機

二〇〇九年四月，我有幸在紐西蘭的 Kusuda Wines 酒莊裡幫忙採收葡萄。這家酒莊由日本人楠田浩之先生經營，其釀造的葡萄酒曾在二〇〇八年，榮獲全球最大的葡萄酒評比「倫敦國際葡萄酒挑戰賽」的金牌獎，在世界各地皆獲得非常高的評價。

在所有的製程中都能感受到楠田先生釀造葡萄酒的「講究」，採收時期便是一例。葡萄可不是結果後就隨時都能採收，而是要預測接下來的天氣及溫度，以判斷葡萄的甜度及酸度等等，再決定採收時期。並非配合自己方便的時間採收，而是要順應自然的趨勢及葡萄的狀態，決定最理想的採收時期。

因此在我到紐西蘭旅行前，楠田先生就告訴過我：「因為要配合最理想的時期採收，你來了也不見得能採收。」所以就算我特地從日本飛過去幫忙，還是得從外行人無從知曉的微妙變化來判斷採收的時機，不能採收的話就是不能採收。

種植葡萄是看天地的自然（資源）變化吃飯，要配合氣候及土壤等各種不同的自然環境，而且對於無法預測的天氣等變化，不是光考慮自己的狀況，而是要順應自然，加以應對。**高手面對無法預測的變化，會以過去的經驗及知識所培養的技術為基礎，決定最理想的採收時期**。

外行人種植的葡萄或許也會結果，但是放著不管則會枯萎。葡萄的狀態必須仔細地管理，思考絕佳的採收時期。看著他的堅持，我心想投資其實也是同樣的道理。大部分的投資人買了基金或股票就放著不管，也不定期審視，這樣結不出豐碩的果實。而且就算結出豐碩的果實，如果搞不清楚採收的時機，最後還是會枯萎。

投資要成功，重要的不只是買進，買進後還得好好培育，在絕佳的時機獲利了結。也就是要具備趁便宜的時候進貨、等到獲利再賣掉的直覺；或是先賣掉等到便宜的時候再進貨以從中獲利（賣空）；另外也必須有將獲利再投資的資金管理直覺。

葡萄酒的風味沒有絕對的好壞，端視每個人的喜好及性格，這點也很像投資。直到出師以前，都必須嘗試各式各樣的投資手法，花長時間摸索出自己最能接受的。

此外，楠田先生的兄長楠田卓也先生，也讓Kusuda Wines變得十分有趣。他是我葡萄酒教室的老師，喝完葡萄酒會當場拿出電腦，輸入資訊（因為深諳禮儀及服務，是否當場輸入則視情況而定），以自己的標準將香氣及味道等數值化，將感受到的東西寫下來。

光是我和他在紐西蘭酒莊待的那一個禮拜，就喝了一百種以上的葡萄酒，那麼他幾十年累積的資料量，可想而知會有多麼龐大。

卓也先生的指導很重要，使我體驗過五百到一千種葡萄酒，學習如何記錄訊息、鑽研知識，建立起自己的一套標準。

不管是在股票的世界還是其他領域裡，人稱專家的人或最後存活下來的人，都是能不厭其煩、腳踏實地且兢兢業業地，每天重複做著同樣的事情。能夠接受這些前輩的指導很幸福，從買賣的經驗中加強知識也很重要。

在股票的世界裡，必須一再承受大多數人無法承受的風險，學習承受精神上的痛苦，重複控制自己的訓練。當然是因為喜歡才能持之以恆，但我充分感受到，這種不間斷的努力累積是成為贏家必備的條件。

第30件事

投資經驗的培養要5年

二〇〇九年三月去澳洲旅行的時候，有幸去了一趟雪梨的知名餐廳「Tetsuyas」，它在當地可是無人不知、無人不曉。主廚和久田哲也先生的手藝從二〇〇五年起，每年都被英國的《Restaurant Magazine》雜誌選為前十名，據說世界各地都有人為了他做的菜不遠千里跑來雪梨。

「油漬海鱒」是該餐廳的招牌菜之一。原本是一道鮭魚料理，在鮭魚缺貨的季節則改用海鱒來代替，而且聽說當地人不愛吃這種魚。可是和久田先生用日本的鹽漬昆布等為餐點加

▲ 油漬海鱒。

以變化，終於使它成為招牌菜之一。我吃過這道菜，它的口感是我這輩子不曾體驗過的。

和久田先生知道用什麼方法發揮食材的潛力，將食材的美味運用到淋漓盡致，因此能創造出新的菜色。除了他本人的才能以外，也可說是從豐富的經驗、孜孜不倦的研究中衍生出來。

即使是相同的投資心得、線圖及指標，中階投資人與初階投資人著眼的地方與關鍵，經常截然不同。當初階投資人沾沾自喜地說，誰也不會用這種指標時，中階投資人已利用這種指標產生實際的獲利。

這關乎自己腦中是否已經有投資組合。已擁有自己腦內投資組合的中階投資人，在達到這個等級以前，累積許多經驗，並不斷研究，才找到自己的方法。過程中可以訓練自己仔細檢查琳瑯滿目的資訊，有助於瞬間判斷自己的投資是否需要這些資訊，以及它們能不能用、好不好用。

入門時只是看過去，而並未多加留意的部分，過了一段時間再重新審視時，很可能會驚訝地停下腳步。尤其是累積許多買賣經驗後再回頭來看，經常會出現這樣的情況。

就我的經驗來說，一、兩年後再回過頭來看，有所發現的「好書」內容都很深入，即使累積了五年的經驗再回頭來看，依舊能有新的發現。哪怕即使過了十年再來閱讀，也還是會有別的發現。

能不能有所獲得，端看自己的造化。要快速檢查這些知識是否能用來建立自己腦內的投資組合，如果派得上用場，就得多花點時間深入研究、實際地運用。**「這個與哪個有關？」「必須注意哪些地方？」為了養成習慣，必須具備各種不同的知識與經驗。**

即使用的都是同一個冰箱裡的剩菜，專業的廚師和我做出來的菜一定截然不同。如果是專業的廚師，肯定能善用每一種食材及特徵，完美地排列組合。

第31件事

我要的是長期穩定的獲利

我本身不打高爾夫球，但是經常欣賞電視上的職業高爾夫球賽。最近無分男女，十幾二十歲的選手都在球場上大顯身手，炒熱了整季的賽事。

他或她們對每一次揮桿的集中力，都令我佩服得五體投地。另一方面，選手們深知某一洞的結果再執著也無濟於事的乾脆態度，也令我讚嘆不已。舉例來說，他們即使在第一洞揮桿失敗，導致柏忌（Bogey，比標準桿數多一桿結束），也不會對這個打擊耿耿於懷，而是在接下來的第二洞推出漂亮的一桿，成功地拿下小鳥（Birdie，比標準桿數少一桿結束），如此輕鬆自在地轉換情緒。

簡而言之，高爾夫球這個運動是打完所有洞（通常為十八洞）時，對各標準桿數進行加減的合計，最少的人即獲勝。即使在某一洞打出再好的成績，倘若其他洞的成績一敗塗地，依舊無法獲勝，重點在於加總之後的桿數愈低愈好。

職業高爾夫的解說經常會出現「球場攻略」這個名詞，指的是考慮到規則、狀況、球場的設計等，決定要如何攻略。另外，根據比賽的局面（例如順位等等），冒險的方式也會隨之改變。考慮到這部分的平衡，球場攻略也包含控制自己的情緒在裡面。

職業選手不會只在一場比賽中優勝，也很重視擠進年度獎金排行榜。原則上，男子只要擠進前七十名、女子只要擠進前五十名，就能得到隔年的常規比賽（職業錦標賽）的出場權，不必經過預賽。

由此可知，一年到頭都要征戰球場。有擅長的、當然也有不擅長的球場。為了在不擅長的地方力求表現，在擅長的地方獲勝，必須事先知道自己的優勢，做好球場攻略，同時也必須要有精神力與忍耐力等心理素質。

二〇〇九年的女子獎金排行榜，第一名是橫峰櫻小姐（六勝）、第二名是諸見里忍小姐（六勝）、第三名是有村知惠小姐（五勝），第八名是古閑美保小姐。

古閑小姐在二〇〇九年的時候是零勝，明明當年度並沒有優勝，卻還是擠進前十名。附帶一提，她在二〇〇八年是獎金王、二〇〇七年是第四名、二〇〇六年是第六名、二〇〇五年是第十五名、二〇〇四年是第九名而二〇〇三年是第三名。換句話說，是位成績長期都很穩定的選手（二〇一〇年因為傷勢惡化，不得不經常缺賽或棄權，但還是第二十五名。到了二〇一一年就很遺憾地因傷引退了）。

如同我前面說過好幾次，在投資的世界裡如果碰上「好懂」的市場，會出現許多位億萬富翁，誕生許多位「投資教主」出書、上電視或雜誌。然而，市場不會只有容易判讀的時期，也會有高難度的時期，誰也無法斷言那個時期何時會來臨。

到了那個時候，過去只是因為碰巧遇到好時機而賺錢的人，曾幾何時都消失了。可是**有實力的人，雖然不起眼，卻能順應這種環境的變化，不斷留下穩定的成績（存活下來），一面等待容易判斷的時期來臨。**

第32件事

如何擬定投資策略？

我喜歡釣魚，最喜歡一整天播放釣魚節目的專業頻道「釣魚電視台」了。觀察出現在那個頻道節目裡的職業釣手，發現他們的釣法與我明顯不同。一言以蔽之，非常纖細。

舉例來說，外行人如果想要釣大魚，通常都會以為要準備粗的釣線比較好。但是釣魚線太粗，潮水的阻力也會比較大，不適合用來釣充滿警戒心的魚。高手則會把這些條件全都考慮進去，選擇最適合的釣魚線。此外，子線（連接釣線與魚鉤的線）的粗細、魚鉤的大小及釣深（水面至釣鉤的深度）的調整等等，全都要因應當時的狀況處理（一天下來要變換好幾次）。

高手與外行人最大的差別，在於前者重視釣魚線的傷痕。釣魚線若只是有些擦傷，外行人通常也不會注意到，或是覺得換釣線很麻煩，所以不想換。但高手不會偷懶。因為他們知道當大魚上鉤的時候，釣魚線會因為魚的反抗而從裂痕的地方斷掉。正因為如此，高手很少讓已經上鉤的魚溜走。

這點跟交易的停損是同樣的道理。舉例來說，就算已經決定以一千元買進的股票如果跌到九百元就要停損，但外行人會認定今天不可能跌到九百元而不下停損單（稍後會再介紹到），就這麼放著不管的結果是蒙受致命的損失。另一方面，高手早就把萬一的情況都考慮到了，所以絕少犯錯。

投資也好，釣魚也罷，伴隨著機率的行為都有「新手的運氣」。然而，隨著操作次數增加，再加上大數法則，實力就會慢慢地突顯出來，一整年下來的成績一定是高手勝利。

不過，即使是只有一次的大賽，高手也會展現出傲人的成果。就算常常釣不到魚，高手也知道如何立於不敗之地。另一方面，愈是外行人，愈是有各式各樣的理由，像是「選的地方不好」，或是「今天的海相不好」。

交易市場的外行人與高手最大的差別，在於是否能從結束的時間點往回推來擬訂計畫。例如高手應該可以擬訂出這樣的計畫：今天開始投資，剛好一年後要以賺錢退場。而且不只是一年後要賺錢，還能將利潤鎖定為年利率一〇%、三〇%、一〇〇%，並據此擬訂計畫。

不過，報酬與風險是一體兩面，若想追求一〇〇%的報酬，就必須承擔相對的風險。再說，那個目標也不見得一定能達成，最後還是有可能認賠出場。

然而，**高手與外行人的差異在於，能否擬訂長期的計畫、或為了達成長期的計畫而擬訂短期的計畫，還有知不知道在攻擊、防守的時候要如何承受風險（風險管理）**。

第33件事

練到對市場有「自然反應」，而非情緒反應

觀察足以代表日本的職業棒球選手鈴木一朗，他在二〇一〇年之前的成績，一九九二到二〇〇〇年（在日本比賽）的平均打擊率為〇・三五三，二〇〇一到二〇一〇年（在美國比賽）的平均打擊率為〇・三三一。而且從一九九四年起，全都留下三成以上的打擊率，自二〇〇一年起，連續十年達成兩百支安打的佳績。

然而，即便是鈴木一朗，在賽季中也會有高低潮。舉例來說，觀察二〇〇六年（平均打擊率為〇・三二二、兩百二十四支安打）每個月的成績，會發現四月的成績（打擊率〇・二八七、三十一支安打）與八月的成績（打擊率〇・二三一、二十七支安打）只有兩成左右。另一方面，五月的成績（打擊率〇・三七一、四十六支安打）與六月的成績（打擊率〇・三八六、四十四支安打）則寫下超過〇・三五的紀錄。

與其他選手比起來，鈴木一朗的高低潮或許已經維持在穩定的高水準，但確

實還是有高低起伏。然而，就算有高低起伏，他也不會改變基本上的作風。每一球都是在保持平常心的狀態下站上打擊區，發揮實力。

若能將自己過去的經驗及技術原封不動地發揮出來，自然是最理想的事，但結果若還是三振，那也沒辦法。站上打擊區，身體就會自然而然地依照自己的紀律產生反應，就只是把投手丟過來的球打擊出去而已，這就是所謂「化境（神馳）」的狀態。

在講完鈴木一朗以後寫自己的經驗實在很不好意思，但我也有過類似的體驗。我就讀高中的時候參加排球社，每天都要練習到頭昏眼花的地步。我的位置是攻擊手，只是擊出扣球的機率非常低，不是沒扣好、就是犯錯，是很「棘手」的選手，因此在球隊裡扮演的角色以防守（接發球）居多。

比賽的時候不會想到其他的事，球一來，身體就會自動反應，擺出接發球的姿勢，自然而然地進入到下一個動作。扣球的時候也只會出現攻擊的訊號（型態），接下來就交給身體自然的反應。直到扣球的前一刻，根本無從知曉對方的防守是一個人還是兩個人，還是根本毫無防備，所以想也沒用。

擊球的瞬間必須判斷是要筆直地打出去，還是要斜斜地擊向斜對角，是否要反過來利用對方的防守等。這段時間就連一秒鐘都不到，所以幾乎沒有思考的空間。如果對方只有一個人防守，基本上就擊向沒有人防守的另一邊；如果出動了兩個人滴水不漏地防守，就得考慮是否要做假動作或反過來利用對方的防守。

平日的練習效果會百分之百地發揮出來，所以身體會自然反應。尤其排球是我認為比賽愈多次，實力差別會愈明顯的運動（也就是機率是可以統計的）

重點在於投資也要積極學習、徹底研究、累積經驗，然後加以反省。但是在牽涉到實際的買賣時，則要以沒有一絲猶豫，既無迷惘，也不會感情用事，達到身體會自然反應的程度為終極目標。

第34件事 心理素質高，就是客觀看待一支股票

人類不一定會採取合理的行動。相反地，反而很容易感情用事。尤其是一群人陷入驚慌失措或陶醉感的時候，這種傾向更是強烈。這樣的情緒幾乎都受到「潛意識」的影響。

所謂的潛意識是指沒有自覺的意識。感情會賦予過去的經驗意義，儲存在潛意識裡。例如，小時候受到同學欺負的經驗，被恐懼及憤怒賦予了意義。一旦經歷到大同小異的經驗，這種感受就會展露出來，只是自己卻想不太起來這種感受的「出處」。因此有一種心理療法是倘若賦予的意義夠強烈，就能賦予這種感受的出處另一種肯定。

在股市裡這種潛意識的強力作用下，會穿鑿附會地帶出恐懼或貪念之類的負面情緒。這股情緒會妨礙合理的行為，讓人難以遵守辛苦建立的買賣紀律。換句話說，**市場機制若採取情緒化的行動，投資就會蒙受損失**。所以大部分的交易家

才會說：「要是不能控制自己，最後都會賠了夫人又折兵，從市場撤退。」

到頭來，市場上有九〇％都是輸家，最大的原因就在於針對「心理」的資訊收集及心理素質的鍛鍊做得不夠。投資人要在市場上存活下來，能否控制自己的心是非常重要的因素。

由此可知，首先要認清「人類就是這麼一回事」，必須訓練自己客觀地看待自己。最簡單的方法莫過於一旦自覺變得感情用事時，就要用鏡子觀察自己的臉，檢查當時的表情。

為了避免受到潛意識的左右，請一面累積經驗，一面有意識地鍛鍊自制與規律。一旦意識到內心的感受就說出來，有助於自己對市場保持積極樂觀的情緒。

第35件事

初學者喜歡成群結黨、一起恐慌

聽到朋友玩外匯賺錢時，初階投資人很容易覺得只有自己被排擠了，所以好想也跳下去操作，也不管這適不適合自己的腦內投資組合，只基於「因為大家都在玩」的理由就跟著操作。簡單來說，就是焦慮地感覺自己慢了一步，或者是跟不上時代的潮流。然而，當世人都為此瘋狂的時候，其實都已經展開過一波的風潮了。

而且**人類在獨自一人的時候，跟在群體中的思考是不一樣的。一個人的時候，會毫不動搖地堅持自己的想法，但是一旦加入群體，獨力思考的能力就會因為陶醉感而降低，傾向於不想清楚就付諸行動。**

比起正確的理論，我們的周圍充斥著歪理。就如同「大家一起闖紅燈就不可怕」，只要周圍的人面不改色地闖紅燈，自己也會跟著做。同樣地，一加入群體，就會尋找領導者的存在，而不用自己的頭腦思考，反而變得感情用事。**大部**

分的初階投資人都是為了追求安全才想加入群體，當狀況愈不明朗，這種傾向愈是強烈。然後會追求答案以面對這種不確定性，同時尋找領導者的存在。

一提到投資，就會想到主流媒體、金融機構的營業員或有名的分析師所說的話。大部分的初階投資人就算在買入時有自己的一套紀律，也傾向以周遭的人或感情為基礎，採取投資行動。

還有大部分的投資人，都無法察覺到這樣的情緒或人類行為模式。所以若能事先了解這種傾向，或許就能冷靜地面對團體式的歇斯底里，巧妙地應付自如。

第36件事

留意「溫水煮青蛙法則」

二〇〇二年榮獲諾貝爾經濟學獎的丹尼爾・康納曼及阿莫斯・塔伏斯基的「展望理論」非常有意思，它能幫助我們理解在獲利或損失的局面，人們冒險的方式有多大的不同、對買賣的決定又會造成多大的影響。

初階投資人典型的失敗模式是：在利益還很微小的時候就做出決定，另一方面卻讓損失不斷膨脹。這麼一來，就算勝率再高，假設是七勝三敗好了，資產也會逐漸減少。

一旦部位開始獲利，比起追求更大的利益，初階投資人更傾向讓眼前的利益落袋為安。相反地，一旦出現帳面損失，比起認賠殺出，反而甘於冒更大的風險，試圖縮小損失。遺憾的是，幾乎所有的投資人都傾向在開始獲利的時候選擇低風險、低報酬，而開始浮現損失的時候選擇高風險、高報酬，結果導致利小損大的「賠多賺少」，資產也跟著縮水。人類若採取一般的行為模式，很難達成投資的理想「賠少賺多」。

而且也適用於所謂的「溫水煮青蛙法則」。把青蛙丟進一鍋熱水裡，青蛙會馬上跳出來逃走，但是把青蛙丟進裝著水的鍋子裡慢慢煮的話，青蛙會在發現苗頭不對之前就先死掉了。

獲利令人印象深刻，換句話說，基於過去的成功體驗，「可能還會再勝利」的想法格外強烈。另一方面則遲遲無法認列損失，傾向基於樂觀的預測，把部位放著不管。但精神上無法承受巨大的帳面損失，結果在最糟糕的時機停損，而且不願意再想起來，希望能趕快忘掉。

這種賠多賺少的情況再持續下去，很快就完蛋了。所以，重要的是不要隨周圍的人起舞，而是腳踏實地地研究，並定期檢查股價的變化，毫不猶豫地在事先決定好的時機進場、退場。

第37件事

「逆」散戶情緒：大漲興奮、下跌恐懼

不妨試著思考初階投資人從買進股票到買入後、賣出前的心理變化（見圖表3-2）。股價愈低迷，世人及媒體對投資股票愈悲觀，這時他們會說，比起投資，還是把錢存下來比較保險，而不打算投資。

等到股價終於往上走，初階投資人開始有些心動，但依舊半信半疑地不敢付諸行動投資股票。當股價上漲，靠股票賺錢的消息開始此起彼落地浮出檯面，他們也開始注意、考慮買進。然後等到股價繼續上漲，看到「日經平均指數連漲五天」之類的新聞，就會在這些消息的推波助瀾下產生自信，終於買進股票。

當股價再繼續上漲，就會進入「興奮」的時期。初階投資人一旦開始興奮，就表示上升局面也走到盡頭了。然而他們卻沒有下跌的概念，在興奮狀態下，認定股價只會上漲。然後因為有帳面收益，終於從「興奮」狀態變成「貪心」，一心想賺更多錢就會繼續買進。

圖表3-2　感情的循環

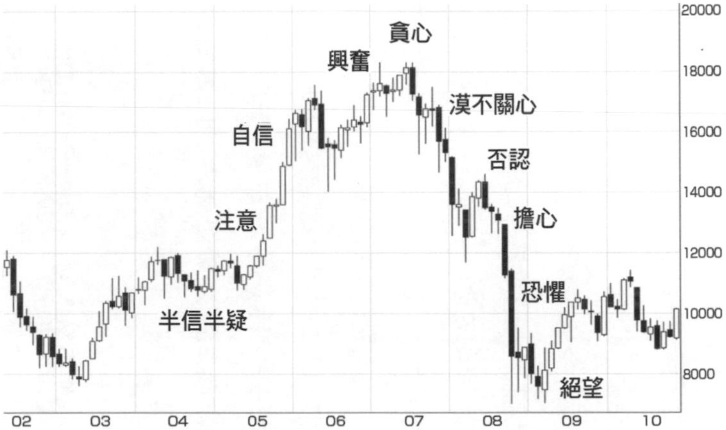

尤其是因為基金的手續費很高，不會經常套利，一般會在有帳面收益的情況下，抱著部位直到獲利出場。也有人會誤以為那些尚未落袋為安的帳面收益，是自己可以自由使用的錢。初階投資人一旦進入貪心階段，就是行情差不多走完了的訊號。

然而，當股價的走勢開始實際走跌，或是進入盤整期，他們的心理狀態會從「貪心」變成「漠不關心」。即使如此，也依舊繼續信心十足地持有部位。但是，當股價繼續下跌，就會進入「否認」的狀態。在這個時期，大部分投資人或媒體，依舊會形容盤勢是「暫時趨於平穩」，所以初階投資人會覺得現在必須要忍耐，努力地繼續抱著。

只願意接受贊同自己持有部位的訊息，完全不接受反對意見的狀態即為「否定」。若股價繼續下探，則會來到「擔心」的時期。此時買入的股票已經出現帳面損失，即使不想接受現實，但資產價值實際上確實在減少，因此心急如焚。

萬一再繼續下跌，就會變成大家都搶著拋售，亦即所謂的恐慌性出貨的狀態，「擔心」至此變成「恐懼」。初階投資人抱著相當龐大的帳面損失，不想再繼續賠下去，但又不想接受真正的損失，所以處於想停損也無法停損的狀態。

由於不曉得該怎麼辦才好，有人到了這個時期終於開始尋求別人的意見，但已經太遲了。這裡唯一能做的事就是趕快停損以求解脫，並且反省自己為何沒有任何策略就買股票，又為何在進場之前不先決定好退場策略。

然而，初階投資人追求的是「安慰」。倘若是銀行或證券公司的人，或許會給出令人安心的建議：目前的股價剛好在歷史低點，所以長期來說可能會上漲，說不定也會建議停損。只是在這種情況下，可能又會推薦不同的金融商品。

畢竟對於金融機構而言，停止交易才是最恐怖的事，所以他們會說出令投資人放心的話。明明是自己推薦、販賣的商品，營業員卻不願意承認自己的建議有誤，全都推說是市場的錯。

初階投資人的特徵是：進場和退場的時候都想借助別人的力量，而不靠自己的實力。換個角度來說，就是不負責任。就因為用的是自己的錢，才更應該自己負起責任來，認為自己無能為力的宿命論者，根本不適合投資。

最後，這種人會從「恐懼」變成「絕望」，在最糟糕的時機停損。

第38件事

「逆」散戶操作：股價參考點不斷移動，造成大賠

假設在辦事櫃台顯示的等待是大約五分鐘，結果實際上只過了兩分鐘就輪到自己的話，就會覺得今天很走運。但是，一旦等超過十分鐘以上，就會心浮氣躁地認為今天很衰。在這種評價方式之下，牽動心理或感情的標準就稱為「參考點」，上述例子中的五分鐘等待時間就是參考點。

所謂的參考點，其實與「想要認定自己的投資行為是正確」的這種心理有關。假設以一千元買進A公司的股票後，上漲到一千五百元，這時帳面收益為五百元。於是，投資人會將參考點從一千元移動到一千五百元。

要是後來股價下跌到一千三百元，儘管部位還有三百元的帳面收益，但是因為參考點為一千五百元，會覺得損失是兩百元，因此無法以一千三百元賣出，想「忍耐到」至少漲回一千五百元為止。

然而，假設股價繼續下探到一千零五十元，就會忍不住賣掉，至少賺五十

元；這時，參考點又變回到一千元了。為了讓自己的投資行為「正確無誤」，參考點會依自己方便而修改。

假設未在一千零五十元的時候落袋為安，結果股價又跌到九百元。這時，參考點為一千元，思緒也還停留在最高曾上漲到一千五百元的記憶，所以不停損、繼續撐著。即使風險增加，也會選擇忍耐到價位回到參考點的一天。然而，結果當股價跌到七百元，就終於忍不住停損了。

會這麼做的問題在於，當局面從賺變成賠的時候，人類做決定的邏輯會顛倒過來。這種投資行為很容易「賠多賺少」，所以為了不要變成這樣，一定要養成紀律，一以貫之地依照計畫執行投資策略。

第39件事
「逆」散戶心態：希望自己沒錯，而無法正確判斷

不只是投資，「初始效果」與「新近效果」都會對人類的潛意識造成影響。前者指的是人類行動會受到最初記憶影響，並且被第一印象大大左右，於是「偏見」、「迷信」、「主觀意識」等缺點也會表現在投資上。

最常可以看到的是，投資人拘泥於最初的成功或失敗經驗，就算之後出現足以抵銷這些經驗的訊息或事實，也會固執地視而不見。舉例來說，剛開始投資的時候，拜股價處於上升趨勢所賜，可說是買到賺到。隨後股價進入盤整，就算已經漲到不可能再漲上去，也無視這個事實，固執地繼續買進。

另外，與初始效果大同小異，「維持現狀的偏執」也是人類的特性，也就是企圖維持一開始得到的東西。舉例來說，初期設定金額較便宜的汽車保險，與有附約但較貴的保險，大部分的人都會傾向選擇金額比較便宜的。但是如果初期設定金額較高的汽車保險，與沒有附約但較便宜的保險，人們則會傾向選擇較貴

的。

「不要去接掉下來的刀子」是經常可以聽到的股市格言。意思是說因為暴跌後變得比較便宜，就以為「划算」而逆勢操作買進，肯定不會有好下場。暴跌肯定有暴跌的原因。理解之後，搞清楚反彈的根據，實際地確認已反彈再買，也絕對不會太遲。

另一方面，新近效果則是指人類的行為深深受到最新的消息影響。舉例來說，投資人最常見的缺點之一就是猶豫不決，倘若最近買的部位因為暴跌而蒙受巨大的損失，下次在相同的條件下出現訊號時，也會猶豫著不敢下單。尤其像我這種以大數法則與機率為基礎從事投資的人，違反這種紀律是最大的問題。

無論如何，人類都習慣將事情往自己想要的方向解釋。**就算進場前再怎麼冷靜，一旦持有部位，還是免不了淨往對自己有利的方向解釋，這是因為背後有「希望自己是正確的」這種心理作祟。**

這會對投資產生負面的影響，讓人自以為能隨心所欲地控制將來的價格或風險。「這時股價要是下跌就傷腦筋了」根本是自己的問題，不關市場的事。

買彩券也是，總覺得自己選數字的樂透比較容易中獎。然而，不管是自己選的數字，還是電腦給的數字，在機率上都是一樣的。

所以投資人至少一定要知道，初始效果與新近效果會在潛意識裡運作、支配自己的行為。首先要有自覺，培養客觀地觀察自己行為的能力，就能確定該採取什麼行動。

第40件事

散戶潛意識的「心理帳戶」

人類的潛意識裡有一個「心理帳戶（mental accounting）」。舉例來說，賺來的錢明明就會慎重地運用，賭博或交易賺來的錢卻會豪氣地揮霍；捨不得花三千元去上課，但對於自己判斷錯誤而賠了一萬元卻毫無反省之意。不僅如此，還會找藉口，將責任推給其他人或環境上。

另外，如果是一大筆花費中的一部分，往往會覺得金額很小。舉例來說，花三千萬買房子時，購買二十萬的電視或十萬的家具連眉頭也不皺一下；但是如果要單買二十萬元的電視或十萬元的家具，就需要一點勇氣了。

不管是在什麼機緣下賺到的錢，不管是怎麼花掉的錢，同樣都是錢。三千元就是三千元，一萬元就是一萬元。然而，人類卻會為這些錢賦予不同的意義。

第41件事

停損的效用

理所當然，資金不可能取之不盡、用之不竭。因此，為了有效率地運用有限的資金，這時的重點就在於停損。

停損沒有絕對的時機，而是會依資金水位、投資策略及風險承受度而異。為了不迷惘、貫徹執行投資，必須靠自己的能力找出方法。反過來說，無法自己決定停損點的人就不應該投資。以我為例，基本上有兩套停損標準；一個是時間，另一個是損失率（或損失額）。

如前所述，為了將資金運用在下一次的投資，要以時間做為判斷標準。舉例來說，若瞄準股價上漲的利差而買股票，當股市進入盤整，在時間軸上看不到結果的話，即使股價未大幅滑落，時間一到就必須退場。不只停損如此，停利的時候也是如此。

此外，很多人會用損失率或損失額來決定要不要停損。例如，認為會上漲而買進股票，但是因為下跌到一定的幅度，不得不執行停損。我個人則是同時運用這種價位的停損與時間的停損。

無論如何，一旦決定好的停損點就不能變動。就算股價愈接近停損點，蠢蠢欲動的心情愈發沸騰，這時只要乾脆地認錯，再面對下一次的挑戰即可，絕不要執著於一次的勝負。

停損的效用之一，是要確保流動資金。以現股交易為例，很可能出現抱著已經有帳面虧損的部位不放的狀況。然而，資金一旦卡住，當絕佳的機會好不容易來臨，也會因為資金不足而錯失良機。

舉例來說，在全民瘋股票的二〇〇五年，購買股票或基金的大部分投資人，在二〇〇七年股價因次貸風暴而暴跌的時候，也因捨不得停損而放著不管，結果遭到雷曼風暴補上致命的一擊。就結果而言，雖然出現了低價買進的機會，但是因為精神還一蹶不振，沒有勇氣再進場，而且資金也還卡在市場上，手上沒有子彈。

我也曾經因為下不了手停損而賠過錢。當時我想起了不曉得在哪本書上看過的一句話：**「十次停損或許會有九次覺得『早知道就不停損了』，但是唯一的那**

次肯定會救你一命。」

停損之後，股價很有可能就馬上彈回去。此時投資人或許會認為，市場是故意要跟自己唱反調，當時要是忍著不停損，說不定非但不會賠錢，還能賺到錢。然而，只因為這樣一次的猶豫不決，後來的損失可能是這種「偶爾獲利」的好幾倍。就我個人的經驗，十次大概會有一次捧著心臟說：「還好在這個價位就停損了」。

大部分的投資人都不會一天到晚盯著股價看，因此當買進的訂單成立以後，通常都會在停損點設定「停損委託單」及「限價委託單」。所謂停損委託單，是加上「若股價上漲到這個價位就啟動**買單**」、「若股價下跌到這個價位就啟動**賣單**」，這種條件的下單方法。由於在上漲的時候買進、下跌的時候賣出，感覺可能有點不可思議，但是利用停損委託單可以讓買賣產生利差。

例如當買進部位成立時，如果事先下好在停損點賣出的停損委託單，當股價下跌到停損點時，該訂單就會啟動，可以自動執行停損。執行過一百次停損之後，就能漸漸地習慣，遲早會變成可以機械式地停損。為了不在那之前就把資金敗光光，檢查買賣紀律、建立資金管理計畫相當重要。

第42件事 學會「怎麼輸」，不要在意輸多少

初階投資人滿腦子想的都是賺錢的事。「要買哪一支股票才好？」「哪個市場才能賺到錢？」「要在什麼時機購買比較好？」「該使用哪種技術指標？」然而，即使是超級營業員、市場上的魔術師，也不可能百戰百勝，還是會有失敗的時候。

中、高階投資人者會比較乾脆地認輸，**但是要做到這其實非常困難。換句話說，若說學會「怎麼輸」是練習期間最重要的科目也不為過。為了進階為中階，必須建立起一套輸的方式，學會怎麼「輸得漂亮」**。為此首先必須知道往往會出現在初階投資人身上的「矛盾」，將對投資造成多大的傷害。

假設看準股票會在短期內上漲，有利可圖，以一股一百元的價格買進一萬股刊登在雜誌《珍藏個股》中推薦的A公司股票，總共花了一百萬。

當A公司的股票跌到九十五元的時候，依舊很有自信地抱著，心想不可能，

因為電視上很有名的分析師推薦過，證券公司的營業員也說可以買。然而，當股價下跌到當初設定的停損價位九十三元時，會開始傷透腦筋。但與其說是傷透腦筋，不如說是尋找繼續抱著的理由。

這時，假設A公司剛好放出財報很理想的消息，第二天的報紙也刊登了這個訊息，這時又會充滿自信地鬆了一口氣，認為自己沒看錯，同時心想著根本不需要停損。然而，假設股價下探到九十元，這時則會開始思考下跌的原因。

此時，推薦A公司的雜誌又開始推薦起別的珍藏個股，知名分析師也自信滿滿地開始推薦起另一支股票。其他的分析師只是輕描淡寫地一語帶過：「A公司的業績早就已經反應在股價上了」，彷彿忘了之前曾經那麼大力地推薦過。

跌到九十元的股價已經想賣也賣不掉了，之前明明已經跌到自己當初設定的、不管三七二十一一定要停損的價位以下，依舊捨不得停損。跌到九十元其實就表示已經有十萬元的帳面損失（未實現損失）。要親自承認這十萬元的損失非常困難，幾乎可以說是強人所難。所以投資人接下來只會關上電腦、求神拜佛，然後放著不管而已。

如此一來，原本其實是想經由短期買賣來賺錢的A公司股票，不知不覺成了長期投資。投資人即使在網路留言板寫下「被雜誌騙了」、「被分析師騙了」的抱怨，但為了正當化轉變成長期投資的理由，會尋找能自圓其說的藉口，例如A公司會配股配息，還有股東贈品可拿，所以抱著也沒有損失。

這種初階投資人完全不會反省自己哪裡做錯，只會怪別人，怪這裡不好、那裡不對、怪那家公司不這麼做、怪這家公司生產不出好產品，或者怪經營者的表現不如自己預期等，全都是別人的錯。

然而，因為是用自己的錢投資，怪誰都沒有意義，唯有反省自己的態度有沒有問題才有意義，必須問自己是否學到該如何停損。

倘若所有的答案都完美無缺，想必會很痛快，但是陷阱就藏在「希望自己永遠是對的」這種心情裡。**在從事長期持續的投資時，不必所有的投資都一百分，只要重複著加分與扣分的結果，使資產得以增加就行了。**

就我所知，能一直在投資上交出漂亮成績單的人，都能對自己的投資行為負責，不找任何藉口，謙虛地接受失敗，隨時都在思考要如何改善。相反地，在投資上跌得鼻青臉腫的人，都無法自立自強，隨時都在找藉口，不是怪別人就是怪市場。

因此，我認為平常就應該對市場保持謙虛的態度，戒慎恐懼、謹言慎行、虛懷若谷。不是把自己的想法套到市場上，而是讓自己的想法去適應市場的變化。

第43件事

分批買進與攤平

想必大家都聽過「攤平」這個字眼吧。例如，看準股價會上漲，以每股一千元買進一千股A公司的股票，後來股價下跌到八百元，又買了一千股，這時的平均買進單價為九百元。然後等股價漲回一千元的時候再把兩千股全部賣掉，就有二十萬元的獲利。

聽起來似乎很好賺，但是大部分的雜誌或投資書都不建議攤平，我也這麼認為。只憑樂觀的預測即使目前股價下跌，但有朝一日一定會上漲，就一直攤平愈買愈多，其實是導向毀滅的做法。

就算有幾次都順利地賺到錢，也只不過是運氣好。如同前面在停損的部分也說過，總有一天會栽個大跟頭，再怎麼攤平，股價都回不去，賠得灰頭土臉。**以船到橋頭自然直的心態攤平，不斷地增加部位，意味著要背負更大的風險。**

只不過，如果在事前擬訂的買賣紀律中，就有分兩次或三次進場的規則，而且也決定好停損點及風險承受度的極限就沒問題。以上這種做法稱為「分批買賣」。

分批買賣與攤平的差別在於「計畫」。前者會事先在買賣紀律中想好，該如何分散投資時間與資金，例如：要分批幾次增加部位、要在什麼價格或時間增加部位、何時賣掉。隨著經驗的累積，分批買賣將愈來愈重要。

第44件事

獲利了結的標準

當市場開始對持有部位有利的時候，要如何獲利了結也令人頭痛。我就經歷過好幾次已經獲利了結、入袋為安以後，股價卻噴得更高的經驗。

獲利了結的方法非常多，我是以盈虧比一・五為標準，例如，將損失金額設定為一萬元，獲利目標就是一萬五千元。其他還有人會配合近期的「股價變動性（volatility）」，設定能確保獲利的指定金額。也有人利用「移動停損」，盡可能持有部位。該用什麼方法，與自己的腦內投資組合有關。

順帶一提，所謂的移動停損指的是，假設持有部位的股價上漲，且往有利的方向發展時，就把停損點設定在當時最高點。當市場愈往有利的方向發展，就能確保更大的獲利，因此這方法許多投資人都愛用（見圖表3-3）。

要是能鎖定目標金額，不斷地增加手中資產就好了，但買賣有賺有賠，不可能這麼美好。而用來表示可運用資產增減的圖表，稱為「資產曲線」。

圖表3-3　移動停損範例

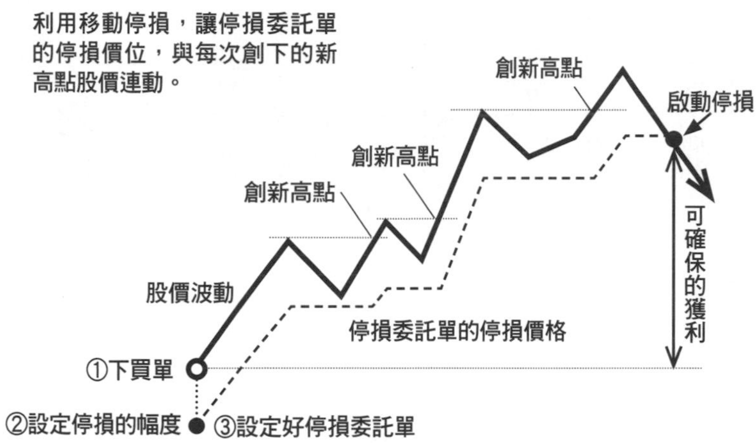

資產有增有減，會描繪出一道宛如波浪般的弧形。不過只有高階投資人或中階投資人才有本事讓資產增加。雖然每個人資產波動的幅度不同，但初階投資人的資產就是會逐漸減少。雖然也有順利的時期，但客觀來看還是縮水的。

第45件事 賠90%，想復活不容易

理想的資產曲線是漂亮地往上走，但這只是理想。實際上，因為使用過去的數據分析，就某個方面來說，要建立讓資產曲線漂亮往上走的買賣紀律，並不困難。

舉例來說，圖表3-4是用日經二二五期貨在一九九九到二〇〇九年的數據，來檢證某種買賣紀律的資產曲線。我們可以看到，曲線相較之下的確是漂亮地往上走。

如果把這條資產曲線立起來，就會變成圖表3-5那樣。除了看起來更劇烈地往上走之外，基本上一模一樣。圖表一目瞭然，非常方便，但是必須留心眼睛的錯覺才行。

在長期間的圖表上，這條資產曲線顯得相當平滑，但如果單獨把一九九九年抽出來看，會發現曲線高高低低、起起伏伏（見圖表3-6）。所以，不可以只看長

圖表3-4　資產曲線範例

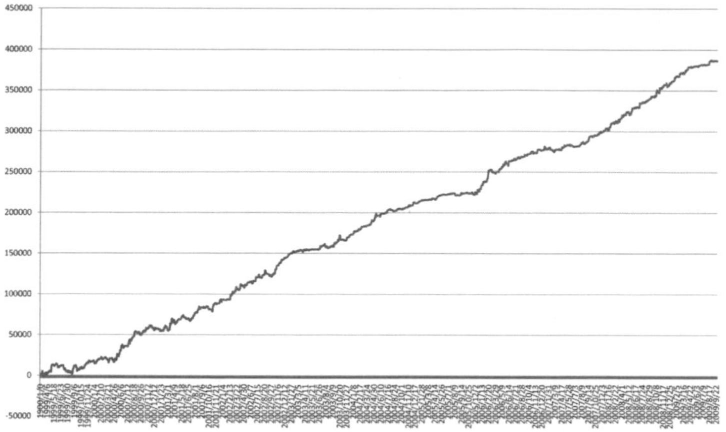

期的資產曲線，也必須仔細地檢查短期間的資料等，再決定要不要採用這套買賣系統。

對於書籍或網路上的情報，有的人完全不檢查，就囫圇吞棗，連帶對其歌頌的高報酬率買賣邏輯也照單全收。然而，為了讓買賣系統長期持續下去，必須有堅強的意志，因為過程中會面臨一段不斷失敗的時期。這裡不是指連續吃敗仗，而是指會有一段時期，整體的敗率變高。

我們可以將勝率五〇%的買賣系統，比喻為「擲骰子會出現奇數還是偶數」。擲一千次骰子，依據大數法則，機率接近五〇%，但不確定下一

圖表3-5　把資產曲線立起來並延伸時

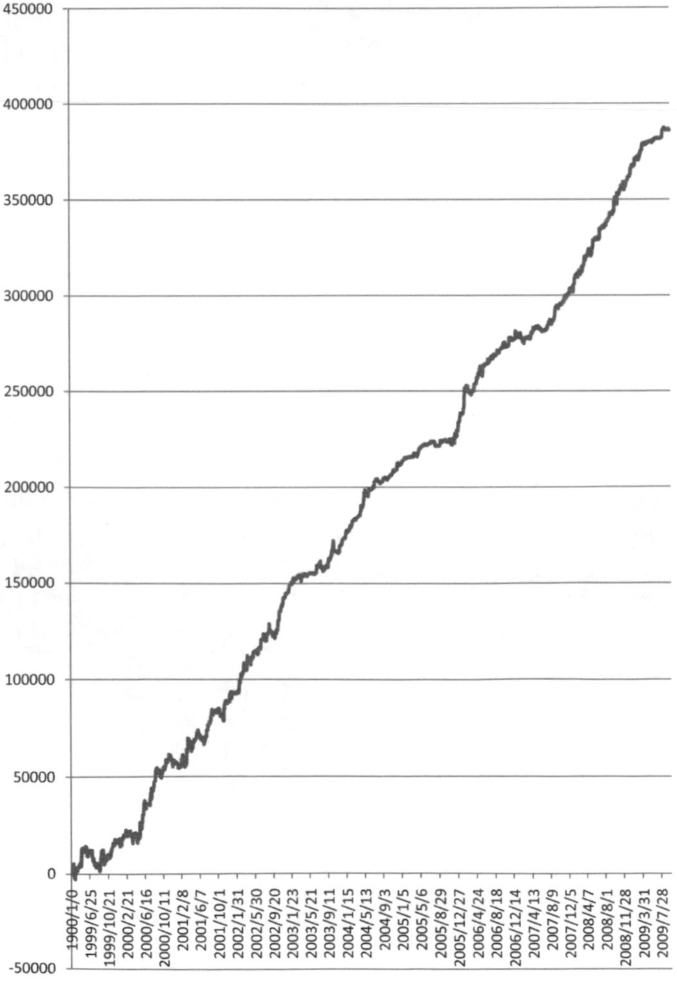

圖表3-6　1999年的資產曲線

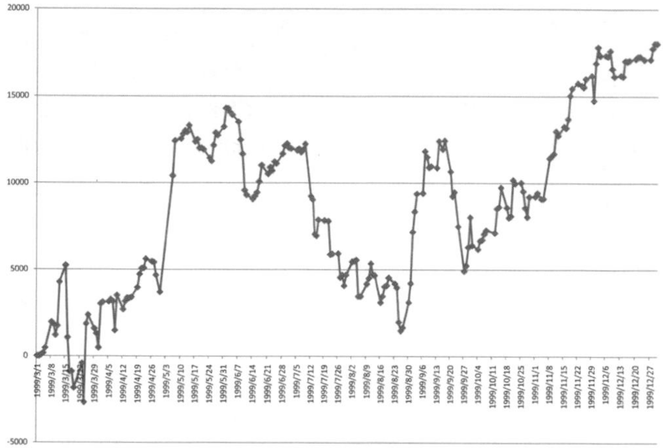

次會出現奇數還是偶數，有時候則會連續出現奇數或偶數。像在我擲骰子的時候，九百八十一到一千次的奇數是十六次，偶數是四次。

假設奇數為負、偶數為勝的話會輸得很慘，所以持之以恆地投資就會變得很艱難，很容易懷疑狀況是不是改變了，或者猜測會不會這方法只有過去管用，不適用於未來。又或是反而變得積極，在連著出現多次奇數後，判斷下次肯定是偶數，就想要賭大一點。

附帶一提，我擲骰子的時候，偶數在一千零一到一千零四十次變得比較有利，所以持之以恆果然很重要。

圖表3-7　恢復的過程

損失	恢復率
0%	0.0%
5%	5.3%
10%	11.1%
15%	17.6%
20%	25.0%
25%	33.3%
30%	42.9%
35%	53.8%
40%	66.7%
45%	81.8%
50%	100.0%
55%	122.0%
60%	150.0%
65%	186.0%
70%	233.0%
75%	300.0%
80%	400.0%
85%	567.0%
90%	900.0%

倘若將此比喻為「運氣」，顯然人總有運氣好的時候，也有運氣不好的時候。

根據我的經驗，一旦連著輸好幾把時，我的確會加入個人的判斷，即使出現買賣訊號也不進場，然而偏偏這種時候反而會獲勝。不過，現在我已經學會想太多只是庸人自擾，就按照事先決定好的訊號進行買賣。

請看圖表3-7，說明了要從輸慘了的期間振作起來，其實非常不容易。

假設以一百萬元開始投資，當資產減少五〇%，就剩下五十萬。要用這五十萬元開始投資，恢復到原來的一百萬元，必須將利潤提高到一〇〇%才行。可見要復活真的很困難。

專業的投資人有時候會說：「比起考慮如何獲勝，倒不如思考如何不要失敗。」我的解釋是勝負都不在於「買賣」，而是「資產」，所以要思考如何不會讓資產縮水。

照我的方式來解釋，就是兢兢業業地依照事先決定好的買賣紀律操作。我腦內的投資組合會在比較小的價格變動中，反覆進行無數次的買賣，以實現所期待的機率。事先從勝率、盈虧比、獲利因子、最大虧損、連勝數及連敗數，決定在什麼狀況下停止買賣。

接下來只要保持平常心，照紀律買賣即可。無論資產增加或減少，都要堅持下去，直到達成事先決定好的停止條件。

第46件事

如何控制風險？

為了持續性地長期投資，重點在於要與投資保持一定的距離。初階投資人會在潛意識的驅使下買賣、持有部位，然而這卻是通往毀滅的入口。

為了保持一定的距離，就必須「忽視持有的部位」，讓自己變得機械化，並養成習慣對部位規模慎重其事。

投資的目的並非追求刺激或快感，而是為了形成資產。所以只要考慮給資金運作的空間、只看結果、只需培養讓自己的買賣紀律可以持之以恆的操作習慣，然後依照指示冷靜地執行。

以我為例，為了實踐積極的投資，會將自己分成「兩個人」。其中一個是將九成的時間花在事前研究上的「技術者」，負責收集資料及徹查這些資料，並驗證買賣項目、制定買賣紀律及建立演算系統等。

另一個則是以每天一成的時間冷靜地進行投資，執行輸入作業及將買賣結果記錄在自己的股票筆記本裡的「執行者」。讓自己在持有部位的期間不動如山，打造出機械化的自己。

我在本章的一開始也提到過，花在投資上的研究時間占九成，行動占一成。當然，當市場出現明顯的異狀時，也必須採取相應的對策才行。基本上，要把力量集中在依技術者的指示、正確無誤地進行作業。像這樣**把自己分成兩個人，就能避免自己的潛意識受到主觀的成見或感情等支配，掉進市場的陷阱裡**。

然後以半年至一年為間隔檢查績效，績效不好的話，技術者要審查執行者的作業報告書（股票日記），並重新審視買賣系統、建立架構。執行者則要繼續依新的買賣系統冷靜地執行，如此周而復始。

為了不要對投資過度在意，部位大小（部位規模）也很重要。只不過，對新手而言，為了「存活下來」的部位控管比「資金效率」還要重要得多了。這是為了不要只失敗一次就蒙受致命的損失，所以必須用即使賠光也不會受到重創的金額來設定風險。《走進我的交易室》裡就指出，一次的風險為資金的二％左右較為恰當。

假設資金為一百萬元，則將一次的風險設定為兩萬元，連輸四次也只不過是八萬元的損失，還能重新來過。然而，若將一次的風險設定為二十萬元，連輸四次就是高達八十萬元的損失。而且以一百萬元的資金來說，一次就要承擔二十萬元的風險，精神上恐怕也承受不住。

以我為例，從五％到一％不等，尋找最適合的風險承受度後，發現二％左右是最舒服的比率。對於我的資金的總額而言，這是就算失敗了，當天晚上也睡得著覺的部位金額。

話雖如此，如果永遠都只承擔最低的風險，很難達到成功者的水準，等投資到第三到五年，就得整理腦內投資組合，而一旦有了某種程度的自信，「要如何有效率地增加資產」就成了大哉問。若能巧妙地利用部位規模與複利效果，就能找到更上一層樓的方法。

我經常聽到當修練到某種程度時，有人會在「攻擊」與「防守」的時候，把資金分開來管理。關於部位規模，我也會加入一部分的自我判斷，當虧損到一定程度，則會稍微縮小部位規模。

以上稱之為「資金控管」或「資金管理」，是非常重要的概念。而且也沒有正確答案，只能靠自己從整個腦內投資組合，以及風險承受度中找出平衡點。

只是，請容我一再強調，在累積足夠的買賣次數與年數之前，建議先從極小的部位規模開始投資。或許會有人抗議，這麼一來資產就無法大量地增加，這也沒錯，不管增加或減少的金額都很微不足道，但是反覆進行這種極小額的買賣非常重要。

第47件事

等待出手時機、不搶進

對投資保持一定的距離還有一個效果，那就是可以耐心地等待時機。不用成為高階投資人，就連中階投資人也知道「等待」的重要性，知道自己該在什麼時候進場。

就像釣魚，並不是一整天都採取同樣的釣法，要等到潮水因海面的上升下降及水流而動的時候出現的「釣得到魚的時段」（會依潮水的漲退而異）。這在釣魚用語中稱之為「時機」。

當潮水出現變化時，釣魚高手會馬上提高注意力，配合潮水的變化及潮汐變化的時間行動。另一方面，新手則沒有時機概念，就只是漫無目的地垂釣而已，沒辦法收放自如。

即使同樣都花一天的時間在釣魚，兩者從事前的準備到時間的使用方法都完全不同。高手會做好萬全的準備，讓釣竿、釣線及釣鉤，隨時都處於最完美的狀態，等到時機來臨，就能以最佳狀態迎接。

當然，除了潮汐的變化以及時間，也必須擬訂扎實的策略。舉例來說，浮標釣法有名的是用來釣鯛魚，它的特別之處在於這種釣法不綁上重物，只憑釣線、魚鉤或魚餌的重量隨波逐流。換句話說，是一面撒餌一面順其自然地釣魚，讓魚自然而然上鉤。不過，這必須擁有掌握潮汐變化的技術及經驗，才能讓魚順勢上鉤。

以下為大家舉一個在投資上等待時機的戰術。OOPS戰術由拉里．威廉斯發明，在當沖交易中相當有名。戰術的策略是：開盤價格比前一天最低點還要低時，一旦股價高於前一天的最低點就買進；開盤價格比前一天最高點還要高時，一旦股價低於前一天的高點就賣出。（見圖表3-8）

因為前一天的行情或訊息慌了手腳的投資人，在開盤以前就先下單，導致開盤就跳空上漲或下跌。然而，一旦這個開盤價附近的價位到達這一波的底部或壓力區，投資人會自認失敗（OOPS）而停損，所以就會出現一個大反轉，這個戰術就是要抓住這個反轉的機會。

從以前到現在，有很多投資人在從事買賣的時候，都是以前一天的開盤價、

圖表3-8　OOPS戰術（以買進為例）

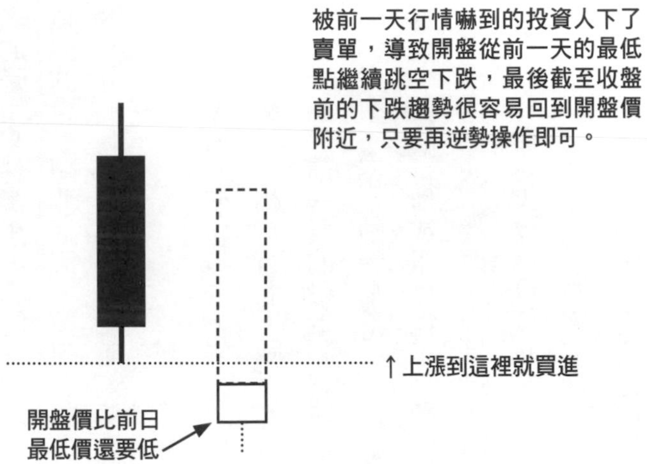
被前一天行情嚇到的投資人下了賣單，導致開盤從前一天的最低點繼續跳空下跌，最後截至收盤前的下跌趨勢很容易回到開盤價附近，只要再逆勢操作即可。
↑上漲到這裡就買進
開盤價比前日最低價還要低

收盤價、最高點、最低點這四個價位為標準。也就是說，當股價接觸這些關鍵價格時，買賣就會增加。

再舉一個例子。從二〇〇九年十二月三日、四日每五分鐘的走勢圖（見圖表3-9）中可見，三日的高點為九千九百八十元，四日的開盤價為一萬零一十元。當天的開盤價比前一天的高點還要高，因此是OOPS的賣出型態。當價位低於前一天的高點九千九百八十元時，就要掛出賣單。

投資人也可以一面注意市場、一面等待時機，但一般都是事先下好停損單。舉例來說，確定

圖表3-9　小日經225指數5分K線圖

資料日期：2009年12月3日～4日

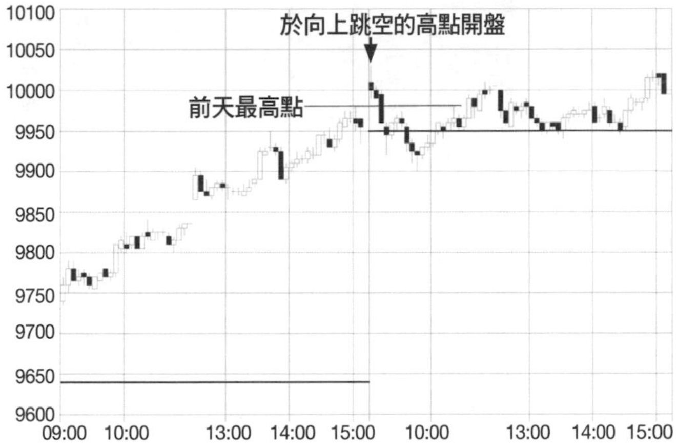

當天的開盤價（一萬零一十元）後，只要在九千九百八十元或九千九百七十五元下好停損單，如果當天的最低點沒有來到這個價位，委託單就不會成立。

我不清楚實際上有多少人使用這套OOPS戰術，只是從這個線圖來看，感覺在九千九百八十元的那一刻，價格變動得比其他五分鐘還大。如果是以用OOPS之類的策略為前提觀察走勢，可以推測出或許有人在九千九百八十元或九千九百七十五元的時候下了停損單。

順帶一提，即使當天最後以

九千九百七十五元的價位下了停損單，也沒有碰上滑點，就這樣抱到收盤的話，由於當天的收盤價為九千九百九十五元，會很遺憾地賠了二十元。

有一種作法是只看前一天的高點和低點、當天開盤的數字，一旦符合條件就機械式地下單。當然，上述條件必須先用大數法則驗證一下是否有用。

前面也說過「新手的重點在於要存活下來」。每五年或十年至少都有機會遇上一次大行情，如果不從平常就開始注意股市的話，就無法善用這個機會。就像衝浪要跳上巨大的波浪一樣，雖然隱隱約約知道大浪何時會來，但還是無法確定實際來的時間。如果想跳上那一波大浪，就必須耐心等待。

然而，若是在山丘上等待，會來不及趕上大浪來的時間，所以必須漂在海面上等待。一旦大浪來襲，就要抓住那個機會跳上去。為了抓住大浪，就必須要有乘風破浪的經驗。累積了許多相關經驗的人，就能趕在浪花消失前的最後一刻跳上去。

我認為這個過程很像公園裡的鴿子。如果有人坐在公園的長椅上，鴿子會搖頭晃腦地靠過來，以為可能有東西吃。問題是有時候有東西吃、有時候沒有，但鴿子的舉動給人的印象千篇一律。總之是一出現訊號就行動，無論有沒有成功，都只是機械化的作業。

說不定鴿子也有自己的一套大數法則，例如坐在長椅上的人若兩手空空就不要靠近，正在吃便當或零食才靠近，就能提高勝率。

在系統交易中，這一類的行為稱為「加上過濾條件」，意思是找出大方向，再藉由附加條件來提高勝率。舉例來說，深入地研究前文所提的OOPS，或許能發現什麼有趣的傾向。唯有在出現該傾向的時候才下單，就能提升期待值。

第48件事

培養自己的獨門技巧

造訪紐西蘭的酒莊時，我感受到一件事，那就是酒莊的生產者們都會信心十足地談論自己的葡萄酒。即使那家的葡萄酒並不是我喜歡的口味，他們也會認為自己釀造的葡萄酒是世界第一。

葡萄酒基本上只以葡萄釀造，據說葡萄的特徵會根據氣候及土壤及地形等（這些栽培環境統稱為「風土」）產生變化，最後釀造出風味或滋味迥異的葡萄酒。

不光是葡萄酒，在製造商品時靠天吃飯的人，都有他們自己的一套信念，在流通到市場前，絕不容許妥協，只能相信自己的經驗與技術。其中還有只此一家、別無分號的獨門絕活或技術，不可能告訴別人，就如同魔術師的「手法」。

對於專業的投資人而言，指的就是他們現在正在使用的「操作邏輯」。我也不會將自己正在使用的操作邏輯具體地告訴別人，而且，就算我寫出來，對絕大多數的人也毫無用處。儘管如此，我還是不會說。

大家看過釣鮪魚的電視節目嗎？我覺得與超過三百公斤的巨大鮪魚搏鬥是件很浪漫的事。釣鮪魚用的魚餌好像是秋刀魚或墨魚，而之所以會說「好像是」，是因為漁夫不會讓人看見他們裝上魚餌的那一刻。對他們而言，那是經過長年的經驗，不斷從錯誤中學習才得到的結果，就連同為捕魚的伙伴，也不會輕易告訴對方。

在電視觀眾的眼中，安裝魚餌應該不是什麼大問題，以為就算告訴其他漁夫，也不會對漁獲量有什麼太大的影響。然而，對那些漁夫而言，這是非常重要的機密。

股市的操作邏輯也是同樣的道理。把自己的操作邏輯告訴別人，應該會有不少人就直接拿來用吧，但就算大家都在用，也不會對市場造成太大的影響。然而即使是一起投資的朋友，也很少分享各自實際運用的操作邏輯。

從這個角度來看，會覺得投資人與職人的特質很類似。原來或許就是偷來的東西，我並不是指不勞而獲的意思，而是類似廚師觀察前輩的技術，偷偷地學習。

無論在哪個領域裡，都有機會與自己理想中的世界級專業人士說話或學習其技術。光是講座或書籍就有無數提示，可以藉此確認自己的行動，是否正走在通往自己所追求的最終目的的道路上。

市場隨時都在變化，市場之間的相關性也瞬息萬變。例如黃金或原油的商品市場，有可能因為與股票或債券關聯性小而受到矚目。不過，商品市場也會因為年金等大型基金的資金流入，相關性也跟著水漲船高。

不知是否因為地球暖化的緣故，海水的溫度也在變化。舉例來說，二〇〇九年秋天到冬天的水溫升高，還能釣到通常是夏天釣到的三線雞魚或油甘魚（小鰤魚）。不過，海水的溫度當然不會配合自己的需求改變。

所以釣魚也好，股市也罷，都無法靠自己的力量改變局勢、變動股價，只能順應變化。只要確認自己接下來要站在什麼樣的相對位置上，與股市和平共處，然後找出適合自己性格及生活方式的策略。重點在於要與時代一起修正策略，就能持續和平共處。

基本上，釣鮪魚的漁夫也不是一個人在海上與巨大的鮪魚孤軍奮戰，但是在海上只能相信自己。為了釣到鮪魚，他們從事前準備，到配合鮪魚的動向移動船的位置，以及從裝餌的方法到拋竿的方式等，全都只能相信自己。

市場也是自然的一部分。投資的贏家不會任別人擺布或隨波逐流，而是自己負起一切的責任判斷趨勢、加以對應。正因為如此，投資的獲利才會那麼誘人。

第49件事

高手面對市場很老實

「計算」是我研究投資時很重視的一環，簡單來說，就是將所有可以量化的東西全部數字化。這裡還有很重要的一點，那就是「毅力」。之所以這麼說，是因為驗證非常耗時間，而且幾乎所有的結果都只是白費工夫。

不過，我所說的白費工夫，指的是在實踐時無法直接提供協助，但是驗證的過程依舊非常重要。藉由驗證可以得知型態及傾向，也能刪除派不上用場的東西。要不斷重複以上的驗證非常辛苦，所以必須要有不屈不撓把數字從一數到一萬的毅力。這個工作同時也會讓人肩膀酸痛的，如果能把一整天的假日都花在這上面的人，想必正是適合投資的人。

有人說投資也需要有「藝術的品味」，他們也可以說是右腦派的投資人。只是，初階投資人很容易誤會藝術這兩個字，以為自己也是與生俱來就有這種品味。有些成功的右腦派投資人，會以此為基礎，配合自己的個性，深入研究基本分析或技術分折等等。更重要的是透過實踐，累積更多的投資經驗。因此大部分的新手都不知道這些人其實付出過這些努力。

適合投資的人還有一個共通的性格，那就是「慎重」。積極地側耳傾聽、收集情報，但絕不會照單全收。而是慎重地聽，再慎重地徹底檢驗感到在意的部分。**而且他們非常「謙虛」，不會對自己的投資法沾沾自喜。**

因為愈是深入研究，愈能夠得知各種不同的可能性，知道世界上沒有絕對的投資法。他們只是剛好知道符合自己個性的投資法，所以在「謙虛」的同時也充滿「自信」。

另外，適合投資的人也對市場非常「老實」。老實地順應趨勢、老實地在盤整時仔細觀察，一旦發現看錯趨勢，便老實地停損。

Chapter 4
學會投資組合與避險，才能存到退休金！

第50件事
做好自己投資的「生涯規劃」

如果要我對準備開始投資的人提出建議，以下是我的答案：擬定「生涯規劃」，也可說是「事業計畫」，並思考二十歲、三十歲、四十歲、五十歲、六十歲、七十歲時，各個階段的理想生活。

如果有另一半，請務必一起討論。首先，不要將自己的想法強加到對方身上，而是要在雙方都能理解的情況下，積極地討論。好好討論，藉由做紀錄確定自己的想法，應該能想到更好的主意。

不管是家庭、工作、興趣，或居住環境，應該都有其理想的狀態，這是了解彼此價值觀的好機會。家人的理解是讓投資持之以恆的強力支撐，我絕不建議瞞著家人開始投資。

一旦賠錢就會累積無謂的壓力，可能下意識地把氣出在家人身上，光是毫無理由擺臭臉，就會讓家裡的氣氛變得很糟。另一方面，一旦賺錢就會大肆揮霍，於是家人懷疑錢從哪來；萬一不顧家庭在外花天酒地，是不會幸福的（或許只有當下覺得快樂）。

沒有人能正確地預測未來，即使過去二十年的物價有通貨緊縮的趨勢，不見得接下來會繼續通縮，更不能忽略可能突然受到全球通貨膨脹的衝擊。因此，每年都要和全家人一起重新審視一次生涯規劃。

每個人都會老去，隨著年齡都會在結婚、生子、育兒、買車、小孩求學、學才藝、租屋、購屋、修繕、搬家、退休等時期，出現明確的「生活事件」。請試想上述生活事件的費用，跟最近發表的全國平均標準比較，，並加以確認（見圖表4-1）。

另外，日常生活中的所有消費支出（伙食費、居住、水電費、購物、醫療、旅行、娛樂等）要花掉多少錢呢？這也可以跟全國平均標準相互對照（見圖表4-2）。只要檢查過去的家計簿，就會有概念。

圖表4-1　花在生活事件上的全國平均費用

（2010年12月統計）

- 婚禮費用（瑞可利公司）
  325萬7000元（父母平均贊助193.2萬元）
- 生產費用（厚生勞動省）
  47萬3626元
- 建屋、購屋費用（國土交通省）
  3493萬7000元
- 教育費總額（文部科學省）
  約1000萬元（幼稚園到高中都進公立學校，並考上國立大學）
  約2300萬元（從幼稚園到大學，全都進私立學校）

幼稚園	66萬9925～162萬5592元
小學	184萬5467～836萬2451元
中學	144萬3927～370萬9312元
高中	154萬5853～292萬9077元
大學	436萬6400～623萬9600元

圖表4-2　家庭成員兩人以上的消費支出

（2009年，總務省）

- 家庭成員 3.11人
- 消費支出 291,737元

伙食費	23.4%	水電費	7.4%
置裝費	4.1%	交通、電話費	13.0%
教養娛樂	10.7%	居住	5.8%
家具、日常用品	3.4%	醫療保健	4.5%
教育	4.4%	其他	23.1%

參考：生命保險文化中心「從生活事件中看見的生活設計」
http://www.jili.or.jp/lifeplan/liveevent/index.html

第51件事

製作自己的「金錢分配說明書」

請從生活事件必要的資金、消費支出，以及現在的儲蓄及收入，思考要怎麼「操作」才能得到足夠的錢。例如，提到子女的教育基金可以這麼想：這一年孩子十八歲了，至少要有五百萬元作為教育基金，所以這筆錢要重視安全性，就用學費保險來賺好了！

我並不是特別推薦學費保險，只是以我曾經在保險公司任職的印象，保險比較容易擬訂計畫。可以利用子女的名義把錢分開，因為只要保險公司不倒，就能領到當初約定的保險金（滿期保險金）。

重點在於得從理想的人生計畫，確實地找出生活事件，定期地檢視必要時期所需的金額。藉此讓資金使用時有明確的目的，並確認是否把金錢使用在適合的地方。什麼都不做的話，錢就永遠都只有那麼多。是要放著不管，還是恰當地使用，全都是自己決定的，所以不能有任何怨言。

假設自己是公司老闆，金錢就是自己公司的員工。舉例來說，如果有一百萬元，其中二十五萬元投資國內的股票，二十五萬元投資國內的債券，二十五萬元投資國外的股票，剩下二十五萬元投資國外的債券，並規劃各種資金該如何操作。以上只是舉例，絕不是建議大家採用這種配置比例。

製造商如果只有製造部，就無法做成生意，還要有技術部、企畫部、營業部、宣傳部等部門，扮演著各種角色，才能構成一家公司。同樣的概念也可以用在投資的領域，如何讓股票、債券、貨幣、商品、不動產等「資產類別（Asset Class）」，各自扮演好自己的角色，則稱為「資產分配」。

所以，關鍵在於要對各個角色做出指示，製作金錢的「分配說明書」。

第52件事

用小額投資，練出自己的買賣邏輯

如果被問到長期投資，一般人腦海中都會浮現從現在到六、七十歲的期間。舉例來說，四十歲的人要長期投資到六十五歲，投資期間就是二十五年。

了解投資期間後，就能知道要以什麼績效來操作、最後會有多少錢。假設每個月定期定額存三萬元，以年利率三％、複利運用二十五年（將利息加到本金裡繼續操作），到了六十五歲時就會變成一千三百五十二萬元左右。投入總本金為九百萬元，投資利得為四百五十二萬元。另外，假設在四十歲的時候將五百萬元資金單筆投資，同樣以年利三％、複利操作二十五年的話，到了六十五歲時就會有一千零四十六萬元左右，投資利得為五百四十六萬元。

有很多網站可以進行以上這種簡單的計算，各位不妨利用它進行各種試算。但這只不過是理想，實際運用在投資商品上，在六十五歲以前都必須面對迭盪起伏的人生。

誰也不知道未來的價格波動，所以當碰上類似二〇〇八年的雷曼風暴那種局面，很有可能會嚇到停損（結果在底部）。初階投資人很有可能會在與自己理想相反的資產曲線下，迎接六十五歲。

假使問沒有投資經驗的人為什麼不投資，有時候會得到「沒有錢」的答案，我也能明白他們的言下之意。然而，沒有投資經驗的人到了五十歲，好不容易存到五百萬元，若聽從金融機構的建議，整筆用來投資基金，萬一在三年或五年後遇到像二〇〇八年那種股價暴跌的市場，可能又會嚇到停損，黯然退出市場。

因此以我為例，雖然是長期投資期間，但是為了以後需要動用資金的不時之需，在準備期間（就是之前提過的練習期間）會以「短期」的方式從事每一次買賣。換句話說，即使目標期間為六十五歲（長期），至少在練習期間也會每天買賣。這麼一來，買賣次數變多，經驗值也會隨之增加。

買賣次數一增加，手續費也會跟著膨脹，不可等閒視之。但是能培養對投資的直覺，像是習慣停損，這點非常重要。如同前面所提到的，**我認為在投資上達到一定的水準以前，必須有五年的投資期間、看完五十本投資書、買賣次數達五百次。即使每天買賣，也得花兩年的時間。**

為了反覆進行五百次的買賣，必須建立嚴格的買賣紀律，而且依照上述的買賣紀律，持續且規律地操作。在累積買賣經驗的過程中，要研究人類心理，認清自己的預測是靠不住的。這麼一來，即使五十歲時運用五百萬元的資金，起點也截然不同。由於在練習期間已經具備資金管理、停損的概念及嚴謹的紀律，就能做出完全不同的運用。

很多人會問我一些大同小異的問題，例如「每個月固定存三萬元，終於存到一百零八萬元，想拿這筆錢做投資，該投資什麼才好呢？」老實說，要是三年來都能腳踏實地地存錢，就不應該三年後才思考，而是要利用那三年進行研究、累積經驗，事先建立起自己的腦內投資組合。

若是諮詢金融機構，對方很有可能會推銷那個時期主要販賣的投資商品，再怎麼樣也不會回答「現在不是投資的好時機」。

然而，投資經驗未臻成熟的人，不能承擔一次就把所有資金都投進去的風險。重點在於要從二十歲、三十歲、四十歲，就以小額資金累積投資經驗。儘管很多時候可能會賠錢，但如果是小額的資金，精神上比較承受得住。

第53件事 買賣務必做紀錄，方便自我檢討

搞清楚生活事件需要的資金，利用現在的收入及資產（現金及土地等可以用金錢來衡量的東西）規劃操作期間及市場後，再思考要拿多少錢出來投資。

想也知道不能把生活費、房貸或房租、教育費等，每天生活所需的錢移作資金。和一般坊間的觀念一樣，投資的原則是要從閒置資金開始。「閒置」並不是指「不要」的意思，畢竟世上沒有不必要的錢。而是從生活的角度來看沒有迫切的需要，已經在銀行裡沉睡了好幾年的資金。

此外，就算有再多可以用來投資的閒置資金，也不能全都運用在股票或外匯這種高風險的標的上。所有新手都應該把用來進行這種「積極投資」的金額，控制在資金的一〇％以內。然後將剩餘九〇％以上的資金，慎重地運用在一年期定存或MMF（貨幣市場基金）等。

順帶一提，《小鋼珠交易家》的作者坂本琢磨先生認為，短線股票投資新

手的適當資金額度，是實際拿在手裡不會發抖的金額。舉例來說，如果手裡拿著一百萬元現金會發抖，但是拿著五十萬元不會抖，五十萬就是最適合自己當時從事積極投資的資金。

總之，先從最小單位開始買賣。若是以一千股為單位的股票，就是以一千股，而期貨是以一口，外匯則是以一個貨幣單位（數量依外匯業者而異）來買賣。開始積極投資的三年左右，正好是思考自己為什麼完全沒有概念的時候（尚未建立自己的腦內投資組合時），這是從錯誤中學習的階段。起初為了累積經驗值（還有自信與勇氣），把主要目標設定為盡可能增加買賣次數。如此一來，關鍵在於不要在途中就彈盡糧絕，導致遊戲結束。

此外，我大力推薦在做積極投資時要寫日記，而且最好用手寫。我建議在第一頁寫下今年的獲利目標（金額或報酬率）。日記裡不只要寫下買賣的理由，還要寫下看到資金在過程中增減時，心中湧起什麼感覺，以及出脫時除了反省之外，還有什麼感覺，這些都要不厭其煩地立刻記錄下來。

然後，等到月底再回頭審視當月的紀錄，這麼一來，就能從經驗中體會到建立紀律及養成習慣的重要性。

第54件事

投資組合須年年檢視，並且「再平衡」

「投資組合」的原文Portfolio，原本是「折疊式皮包」、「文件夾」的意思。從中衍生出在投資領域裡「將各式各樣的金融商品（資產類別）加以組合」的意思。

舉例來說，先前介紹過第一年要把九〇%的資金，慎重地運用在一年期的定期存款或貨幣市場基金，另外一〇%則積極地運用。這是九〇%本金保守型、一〇%積極型的投資組合。

有些書稱其為「標準投資組合」，將投資對象分成保本（定存）、國內債券、國外債券、國內股票、國外股票等等，介紹適合每個年代操作的投資分配。例如圖表4-3的投資組合。

這就像是建商提供的樣品屋，可想而知，這種標準的樣本無法滿足每個人。實際上要原封不動地承接別人設計的投資組合，對大部分的投資人來說是很困難

圖表4-3　最常見的投資組合

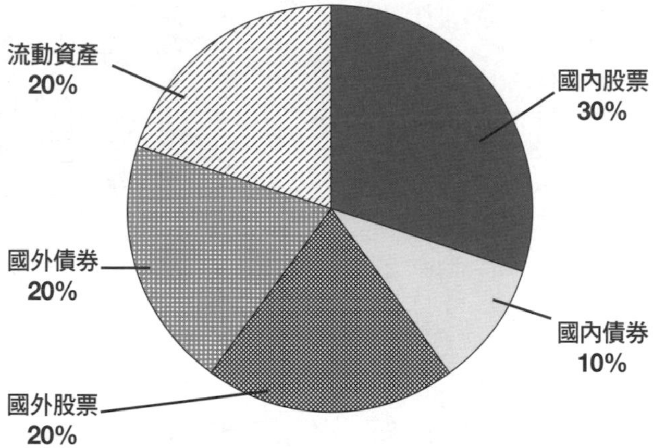

的，因為不適合自己。

即使住在樣品屋裡，室內設計應該也要依照住戶的生活風格而不同。像是在家工作的人會想有個能當成工作室的房間，而喜歡釣魚的人則希望有個能放釣竿的空間。

憑良心說，我剛開始投資的時候，完全沒有考慮到投資組合和資產配置的事，而是在持續投資的過程中，自然而然形成投資組合。這就像配合自己的性格及興趣，先以最基本的設備打造出一個家，然後陸續增建及改建。

每年必須重新審視自己的生涯規劃，以及銀行帳戶的資產狀況，調整投資組合裡的金融商品及其配置。將增加的資產類別減少到初期的比例，再加上獲利或資金，將減少的資產類別增加到一定的比例。這個過程稱為「再平衡」，是管理投資組合的訣竅。

即使到了第二年，我投資在積極部分與保守部分的比例，基本上也沒有變化。即使第一年透過積極操作，運氣很好地賺了很多錢，用來積極操作的資金依舊只占資金的一〇％，剩下的全都拿來做較保守的投資。不過，投資標的不只定存及貨幣市場基金，國內債券或許也適用。

雖說都是債券，但是不建議投資外債（國外的債券）。想也知道是因為匯率風險太高，與其承擔匯率風險，還不如用積極資金來操作外匯。順帶一提，債券有點類似「借據」。把錢借給國家的時候，收到的債券稱為「國債」；把錢借給企業的時候，收到的債券稱為「公司債」。

一提到債券投資，或許都會聯想到對個人發行的國債，但是也有由東京都等地方公共團體，對個人發行的地方債、或企業對個人發行的公司債。此外也有可以從十萬元開始投資，償還期限為一年的公司債。

債券的重點在於事先決定好的支付利息與滿期時間，一旦滿期，就能領回借

圖表4-4　債券價格與帳面收益的關係

下圖將債券與獲利的關係繪製成圖表，且不考慮時間的影響因素。債券價格愈低，獲利空間愈大；債券價格愈高，獲利空間愈小。

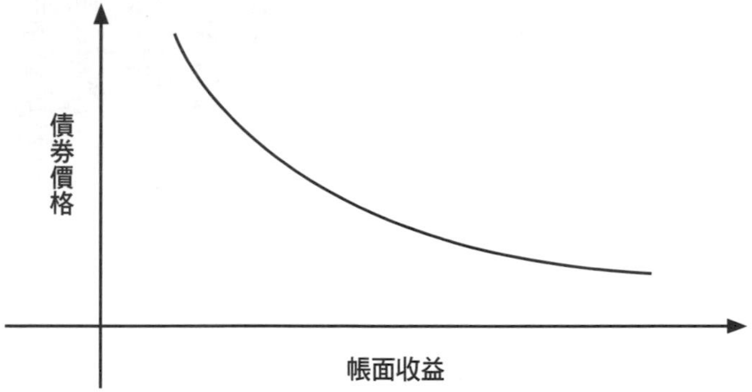

出去的本金（面額），因此大家都會說債券比股票安全。

債券的利息高低取決於借貸方的還款能力（信用）。對方的信用愈好，任誰都能放心把錢借出去，所以就無須支付太高的利息；反之，信用愈差，就必須提高利息才能借到錢。

在市場上可以買賣已經發行的債券。如果信用不好，投資人對於債券能不能清償的不安與擔心，就會反映在買賣價格上，導致買賣價格降低。不過，由於滿期前要支付的利息與償還時的面額已固定，因此光是這樣就能擴大償還時的獲利（帳面收益）（見圖表4-4）。

換句話說，債券的價格愈低，帳面收益愈高；反之亦然，價格愈高，帳面收益愈低。然而風險與獲利為一體兩面，高獲利的債券，要記得風險也會比較高。再怎麼高獲利的債券，只要發行公司一旦倒閉，就有可能變成壁紙。

因此，信用風險高、獲利也高的債券，經常被稱為「垃圾債券」。尤其是國外的企業，通常傾向比日本更早破產，因此操作國外公司債必須更加小心。另外，作為信用風險的指標，穆迪等好幾家企業會對債券進行「評等」；只不過，令人記憶猶新的是，在雷曼風暴的時候，這些評比根本完全派不上用場。

日本國債（十年債）的帳面收益，被視為日本「長期利率」的代表性指標，所以也被當成房屋貸款等長期融資的基準。

第55件事

你的投資風格，久了就會自然形成

到了第三、第四年，自己的投資風格會成形到一定程度。所謂「投資風格」，就是自己的投資方法。在建立起自己的腦內投資組合的過程中，投資組合會改變，所以自己的投資風格隨時都在變化、成長。

這個時期，可以把積極運用的比例，拉高到最多占投資組合的二〇%，要投入一〇%到二〇%當中的多少，視個人的思考模式而異。而且，可以在保守投資中提高風險承受度。配合這兩年的準備期間，了解自己腦內的投資組合，面對琳瑯滿目的金融商品。

舉例來說，利用積極操作外匯的經驗，加入以外債為主的基金，或是利用買賣股票的經驗，購買現股、基金或ETF（指數股票型證券投資信託基金）。

到了第五年，就能採用自己喜歡的投資組合，實際作法千奇百怪，因人而異。在腦內投資組合隨時都能保證獲利之前，要用自己開創的投資風格，建立起某種程度的投資組合，必須做好準備，隨時都能運用一整筆資金。以我為例，將四〇%的資金移到積極投資，以年利二〇%到四〇%為目標，而剩下的六〇%則投資在幾種連動性比較低的金融商品，藉此分散風險，這樣加起來，以年平均至少獲利一〇%以上為目標。

然而，這樣的投資風格只適合我本人，不見得適合其他人。投資風格或投資組合，從來沒有能讓所有人都接受的正確答案，只能配合自己理想中的生涯規劃與腦內投資組合，靠自己的力量找出適合自己的投資組合或金融商品。

一旦持續進行積極投資，就會遭遇各式各樣的狀況，進而了解自己的腦內投資組合，在什麼情況下最能發揮作用，或者不擅長面對什麼局面。並且思考在這種施展不開的局面，也能運用自如的投資策略，再把一部分的資金分配到這個策略上。

老實說，世上沒有百戰百勝的腦內投資組合，永遠都有改善的空間、成長的餘地。因此，投資風格也瞬息萬變，沒有終點。當以積極投資為核心時，必須將預期能互補的金融商品加到投資組合裡，使投資曲線盡量變得圓滑（盡量不要有太大的震盪）。

第56件事

在投資組合中增加避險標的

讓我們來思考一下投資組合的重要性。假設有國內股票、已開發國家股票、新興市場股票、國內債券、已開發國家債券及新興市場債券，六種資產類別。將以債券為主的穩定型投資組合視為「A」、將略微積極以股票為主的投資組合視為「B」。分配如圖表4-5所示。

一九九八到二〇〇八年的績效，A為年平均四・二％，B為年平均三・八％。A與B的績效皆以二〇〇八年最糟糕，A為負十四・五％、B為負二五・七％。然而，十年平均下來，結果依舊為正值。（見圖表4-6）

這並非偶然。雖說只要改變資產配置，績效也會隨之改變，但只是稍微改變一下比例的話，結果是一樣的。就算撐不到十年，至少要努力堅持五年左右，結果肯定會賺錢。

另一方面，在二〇〇五年的迷你泡沫時期，只投資股票反而出現了驚人的獲

圖表4-5　投資組合A與B

投資組合A

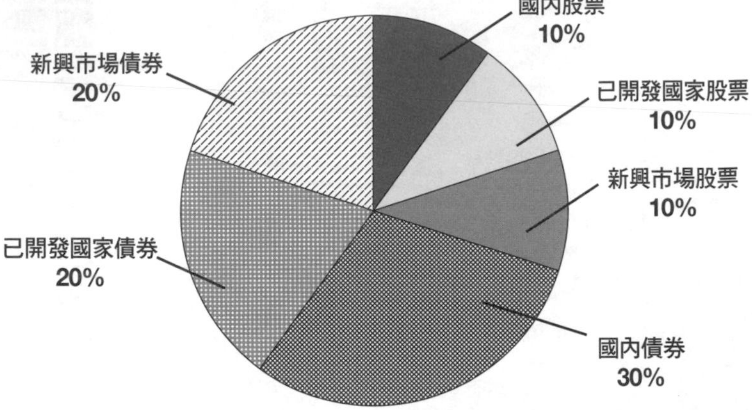

投資組合B

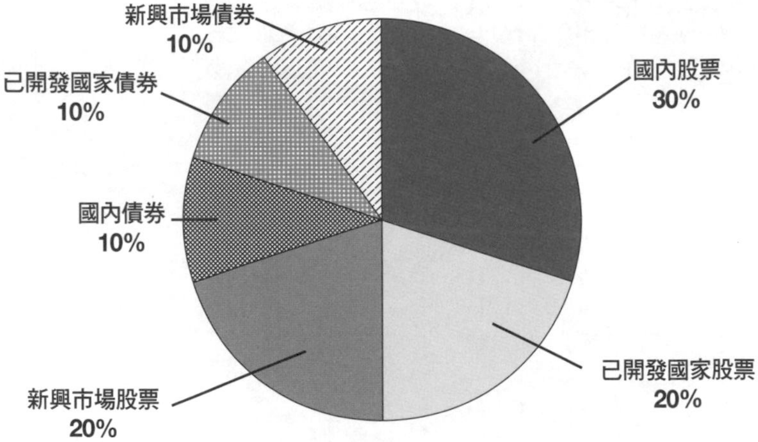

圖表4-6　逐年的績效

年	國內股票	已開發國家股票	新興市場股票	國內債券	已開發國家債券	新興市場債券
98	-6.6%	13.3%	-33.7%	0.4%	-0.1%	-18.3%
99	59.7%	7.3%	47.7%	5.4%	-18.0%	5.8%
00	-25.0%	0.1%	-22.3%	2.1%	17.7%	26.3%
01	-18.9%	-2.3%	12.3%	3.3%	17.8%	26.1%
02	-17.5%	-27.7%	-14.6%	3.3%	10.3%	3.3%
03	25.2%	19.3%	39.6%	-0.7%	5.7%	4.5%
04	11.3%	12.1%	22.5%	1.3%	7.3%	19.6%
05	45.2%	22.6%	52.4%	0.8%	10.1%	20.4%
06	3.0%	23.7%	33.8%	0.2%	10.0%	16.2%
07	-11.1%	6.6%	34.0%	2.7%	4.5%	13.2%
08	-40.6%	-53.4%	-62.7%	3.4%	-15.5%	-24.2%

年	避險基金1	投資組合A	投資組合B	投資組合C
98	62.5%	-4.9%	-5.7%	22.9%
99	25.3%	-1.3%	8.5%	6.8%
00	23.1%	9.7%	0.9%	15.5%
01	18.8%	12.7%	7.3%	15.0%
02	38.4%	1.2%	-6.2%	17.0%
03	24.3%	5.2%	12.0%	11.0%
04	10.9%	8.1%	9.4%	7.9%
05	-3.3%	9.3%	16.8%	1.1%
06	10.4%	10.8%	14.1%	9.4%
07	-1.8%	9.5%	10.5%	4.7%
08	35.7%	-14.5%	-25.7%	9.2%
平均		4.2%	3.8%	11.0%

圖表4-7 投資組合C

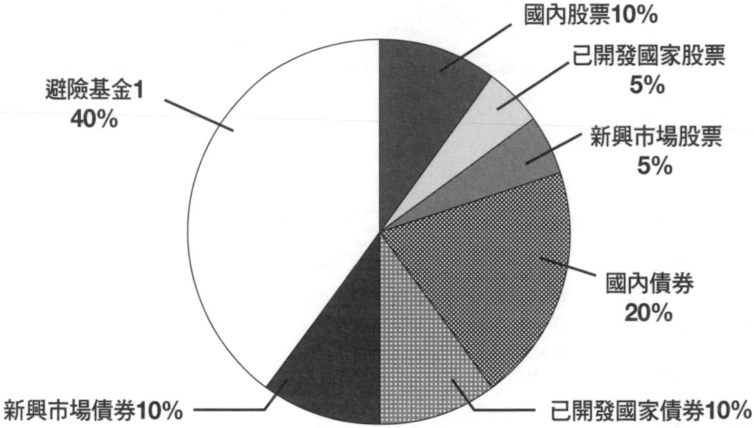

利。從那時候開始投資股票的人，或許不明白為何一定要將資產分配在債券上。然而，倘若繼續採用只投資股票的投資風格，在二〇〇七到二〇〇八年應該吃盡了苦頭。認真的投資人是否到了這個時候，才能明白投資組合的重要性。

在這裡讓我們思考一下投資組合「C」的可行性。亦即將全體資金的百分之四十運用在某支避險基金「1」（圖表4-6與圖表4-7）。以下為大家舉幾個避險基金的特徵。

- 用來避免債券及股票等傳統金融商品市值蒸發的替代手段之一。
- 基金是以超越TOPIX之類的指標為目標，避險基金則是以「絕對收益」為目標。
- 利用各種不同的操作手法，投資股票、債券、貨幣、期貨與不動產。舉例來說，幾乎所有基金的操作手法，都是以持有個別證券為基本；避險基金則不只會買空、賣空，還會運用期貨、選擇權等金融衍生商品（derivatives）及未上市股票等。
- 一般而言，金融機構販賣的基金，是以向許多投資人募集資金為前提加以運用的「公募基金」，避險基金則是只針對少數特定對象（例如機構投資人或大戶等等）的「私募基金」。

所謂絕對收益是不管在股價上升、下降、還是盤整的局面，都致力於創造收益。如果自己的投資組合傾向與平均股價連動，可以加入在趨勢下跌或盤整時能獲得較高收益（逆相關）的，或是投資與績效無關（非相關）的避險基金，都是不錯的選擇。

不過，避險基金不是什麼都能買，因為避險基金種類繁多，有作多／放空股票、市場中立、套利、事件導向策略、管理期貨策略、危難證券、總體投資、組合型基金等。

另外，也並非所有的避險基金在股價下跌的局面時都是無敵的。在避險基金指數發表的二〇〇八年，避險基金的平均報酬率為負一九%，是過去最糟的（二〇〇七年為平均負一三%）。

也就是說，運用避險基金的管理宗旨或操作手法，可以用來補強其他操作手法。避險基本一般都會以數值的方式，提供截至目前與股票或債券之間的「相關性」作為參考。

假設剛才的模擬是以全體資金為五百萬元來計算，就是要把其中的四〇%，也就是兩百萬元運用在這個避險基金1上頭。這檔基金已經募集完畢，一九九八到二〇〇八年的平均報酬率也有一一%，我認為是很不錯的商品。

重點在於這檔避險基金1與股票或債券的「相關性」非常低。因此，當二〇〇八年其他資產類型全都損失慘重的時候，唯有這檔避險基金1創造出三五．七%的巨大獲利。

反之，當股價在二〇〇五年上漲的時候，這檔避險基金的操作，則呈現負三・三％的結果；然而，這樣的損失已經控制得非常好了。投資人不妨像這樣藉由加入非相關的金融商品，保持穩定的操作績效。此外，也可以不用這個資金部位來操作避險基金，而是把自己的積極投資當成避險基金，靠自己的力量獲取絕對收益。

投資新手總是一下子就要看到結果，但投資最忌諱只因為自己的投資不順利，就輕易地放棄，認為這也不行、那也不行。在上升、下降、及盤整的股票市場中，有人不論在什麼樣的時期都能賺錢，當然也有人會賠錢。因為市場是活的，隨時會颳起新的風向，出現前所未有的動靜。

自己的投資組合及投資策略，必須適合當時的市場局面。重點在於要搞清楚是局面不好，還是策略本身有缺陷。建議大家定期地讓投資組合取得再平衡，至少也要以五年為單位來審視資產配置。

第57件事

空頭時，要有「放空」的勇氣

「作多／放空股票」是避險的其中一個策略。而在作多／放空股票中，也有各式各樣的方針，不只要買進（作多），重要的是也要利用賣出（放空）試圖在下跌的股市創造收益。

放空股票的時候，可以利用信用交易的「融券」來操作。所謂融券指的是向別人借股票來賣給市場，再把股票買回來償還，交易就完成了。由於是從賣出並未實際持有的股票開始，各位可能一下子沒什麼概念，應該也有很多人會認為「融券不好」、「作法好像很複雜」。

可是因為股市會上下震盪，因此比起單純買進，再加入賣出的戰術，比較能增加獲利機會，拓展投資的領域，績效也會比較穩定。而且融券是法律上認同的行為，並沒有不好。

我並不是要推薦融券，只是希望大家不要單純以印象判斷，而是要理解其構造，如果適合自己腦內的投資組合，就應該像避險基金那樣，以絕對收益為目標，加以運用。

如前章也介紹過的那樣，融券是一種隨處可見的商業行為。就像即使店頭沒有庫存，賣車的銷售員也會賣車。他們會先與客戶簽訂三百五十萬元的買賣契約（融券），再用三百萬元進貨來賣，就能賺進五十萬元的毛利。

再舉一個例子。我在北新地經營居酒屋的釣友們，即使店裡沒有庫存也會賣酒。店裡的菜單上明明寫著「香檳王兩萬元」，但店裡實際上並沒有庫存。有人點單以後，才急忙跑去酒舖進貨來賣。其中的價差就是獲利。

由於融券放空具有槓桿作用，因此會給人「恐怖交易」的刻板印象。然而，希望大家能夠理解，重點在於要先理解金融商品的特徵及結構後，再巧妙地運用。

第58件事

善用分散策略

投資組合的效果不只能發揮在資產配置上，也不僅止於「非相關」、「負相關」的效果，還能套用在別的投資商品上。

舉例來說，我在股價指數期貨與股票的信用交易上不會只偏重買進，也會從賣出來實踐避險基金的運用。另外，也加入順勢操作（趨勢追蹤）與逆勢操作（逆勢追蹤）雙方的策略。以當沖交易或波段交易等短期買賣為主，同時啟動十個買賣系統左右的「戰略性投資組合」。

關於戰略性投資組合的效果不妨想得簡單一點。圖表4-8的第一張線圖是逆勢操作的當沖交易系統「A」，第二張是順勢操作的波段交易系統「B」的績效。A和B最後都呈現相同的獲利，但中間增增減減的過程則大相逕庭。將兩個系統結合起來，就成了第三張線圖，會給人一種穩定的感覺。

研究各式各樣的戰術，就能察覺自己的買賣紀律，一定會有得心應手與不得

圖表4-8　相關性比較低的系統組合

系統 A

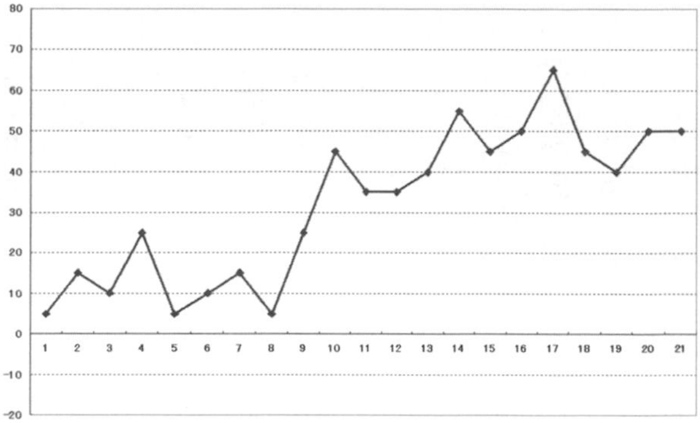

系統 B

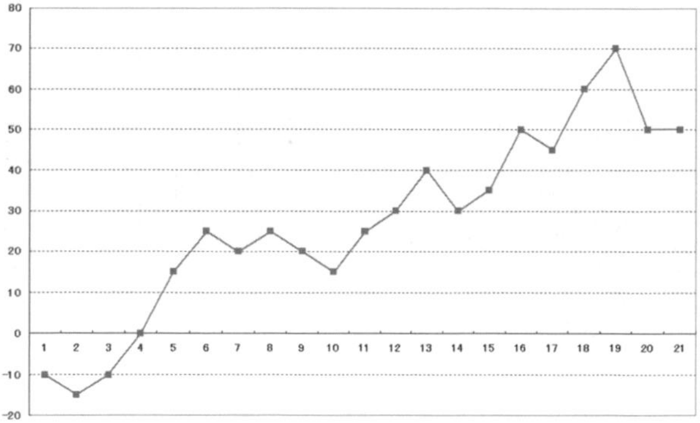

系統 A+B

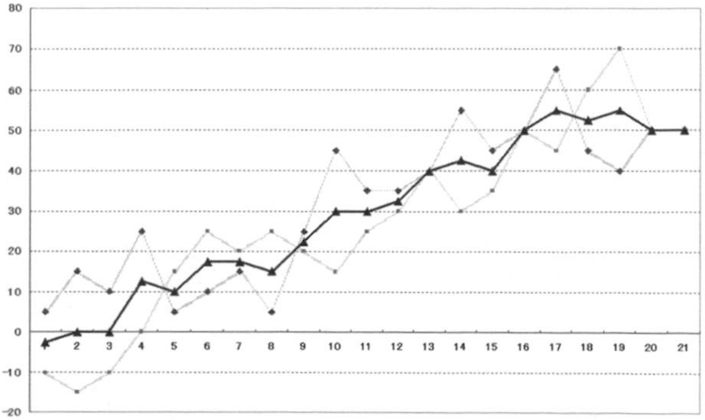

心應手的時期。例如在上漲市場比較強的紀律、在下跌市場比較強的紀律，或是在橫盤整市場比較強的紀律等。我會把各自的長處巧妙結合，配合市場的變動性稍微改變選擇的系統及部位的大小。簡單來說，所謂的變動性就是指市場容易變動的程度。

就我自身經驗，在這裡我會加入自己的判斷。個別的買賣系統頂多只從過去的數據驗證結果來判斷有沒有效，不見得永遠用同一套走天下。一旦愈多人發現其優勢，並加以利用，那個優勢當然就會消失。買賣系統也有其壽命，或者是會陷入暫時的低潮。

我認為這個問題是系統交易永遠的課題，用了就丟、用了再丟……如此周而復始。我也曾經換過無數次買賣系統，只不過，並不是一口氣全部換掉，而是一旦出現新的買賣系統，就將其加到原有的戰略性投資組合裡，或者是把績效不好的買賣系統剔除。這種取捨選擇如山本克二的著作《好用的買賣系統判別法》中所言，也有定量的判別方法，但我是以自己的判斷來做決定。

此外，本書在最前面的章節也提到過，為了繼續使用以過去資料所建立的買賣系統，必須要有紀律；但也寫到過去的資料不見得適用於未來，所以必須有所取捨。或許有人會覺得自相矛盾，但因為不確定什麼時候會失去優勢，所以只能在自己決定的期間、漲跌幅之間，遵守紀律地執行買賣系統。遵守的時間可能是一個月、半年或一年，因人而異。

以我為例，資金的投入與收回基本上是以一年為單位，每隔一年就會重新審視大致上的策略。另外，每隔三個月則會重新審視策略的細節。等過了一定期間，再重新審視是否反映出大數法則，有沒有修正的空間，仔細地決定好面對下一個期間的操作計畫。

圖表4-9的資產曲線是利用專業股票系統，以一千萬元為本金所模擬的長短期移動平均線與乖離率。設定在出現二％的帳面收益，或三十天的期限就要賣掉，並表現出將投資收益再拿來投資的複利效果。

一九九九到二〇〇四年呈現出比市場平均值更高的績效，是相當漂亮的成長。所以若是在二〇〇四年使用這套系統，就會覺得二〇〇五年也可以用這個系統來努力。

然而，從二〇〇四年開始，資產曲線就到頂了，此後再也沒出現過什麼了不起的結果。然後觀察二〇〇四到二〇〇九年每年的結果，不難發現幾乎都是下跌

圖表4-9 買進用系統

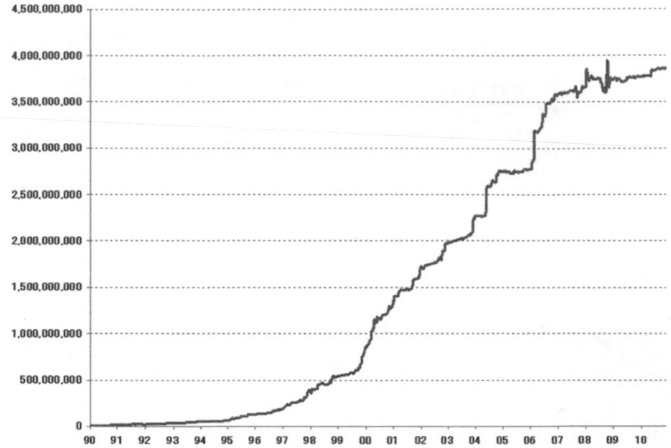

的狀態（圖表4-10）。

由於這種買賣系統是以比較簡單的規則製作，或許能想到市場以二○○五年為界線翻轉。不過局面一旦轉變，也意味著有重生的可能性。但不管怎麼說，這套買賣系統還不足以讓人下定決心正式進場。若事先設定好停損的紀律、搞清楚漲不上去的原因，就會想要再開發出另一套足以彌補其缺點的買賣系統。

圖表4-11是每年的結果。看起來是個勝率非常高、非常優秀的系統。即使從一九九○到二○○四年進行長期的驗證，隔年的結果還是令人遺憾，而且這種非常容易出現。將來的事誰

圖表4-10　買進用系統之後的狀況

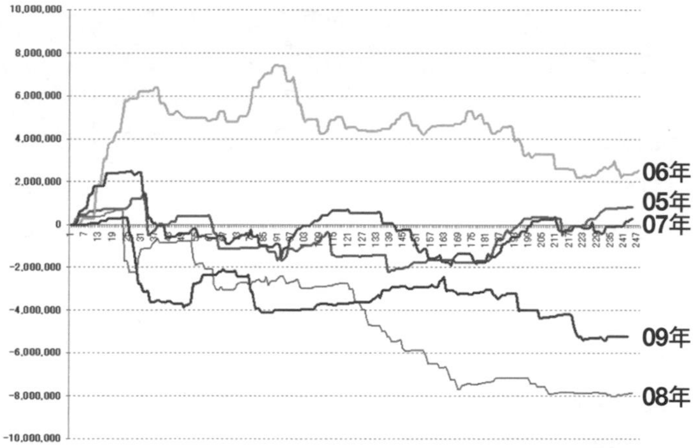

都無從知曉，所以不要直接拿過去的資料來用。

不過，市場畢竟還是會受人類心理影響，所以過去的資料未來或許還是能派上用場。雖然資訊技術已經發展到一個程度，但最後判斷的還是自己。這些資訊裡頭充滿了市場參與者的供需關係、想法、欲望及各式各樣的情緒，以後或多或少也是如此。

舉例來說，在二〇〇八年的雷曼風暴中，九月還處於一萬三千元上下的日經平均指數，在十月二十八日暴跌到七千元上下，短短兩個月就幾乎腰斬（圖表4-12）。其實全球在這兩個月都處於恐慌的狀態，在這種意想不

圖表4-11　每年的結果

年	資產	虧損	勝	負	勝率	期待值	年利率
90	16,108.984	16.00%	92	26	78.00%	4.00%	49.10%
91	14,357,435	8.30%	74	19	79.60%	4.70%	41.60%
92	16,266,621	11.50%	106	29	78.50%	3.70%	61.60%
93	15,374,653	4.90%	67	10	87.00%	5.60%	44.40%
94	12,315,321	2.40%	34	7	82.90%	5.20%	23.40%
95	19.362,053	6.60%	105	19	84.70%	5.70%	93.60%
96	16,123,356	4.70%	88	19	82.20%	4.60%	54.20%
97	15,391,997	16.50%	197	51	79.40%	1.60%	39.10%
98	14,433,829	23.70%	125	28	81.70%	3.00%	43.40%
99	34,676,204	7.20%	155	23	87.10%	6.90%	222.50%
00	16,028,267	29.80%	218	72	75.20%	1.20%	31.70%
01	15,867,657	16.10%	155	57	73.10%	2.20%	51.30%
02	18,893,614	22.60%	169	47	78.20%	2.90%	66.90%
03	29,100,683	13.40%	165	34	82.90%	5.10%	177.30%
04	16,850,636	15.80%	154	35	81.50%	2.90%	67.60%
05	10,823,738	32.20%	119	29	80.40%	0.80%	4.50%
06	12,540,380	30.00%	144	66	68.60%	1.20%	16.10%
07	10,299,794	35.60%	167	69	70.80%	0.60%	1.90%
08	2,102,726	81.80%	146	93	61.10%	-4.90%	-79.40%
09	4,770,640	55.70%	107	55	66.00%	-3.10%	-52.60%
10	11,019,916	22.60%	114	35	76.50%	0.90%	10.20%

※2010年截至12月10日為止的統計資料。

圖表4-12　暴跌之後的反彈

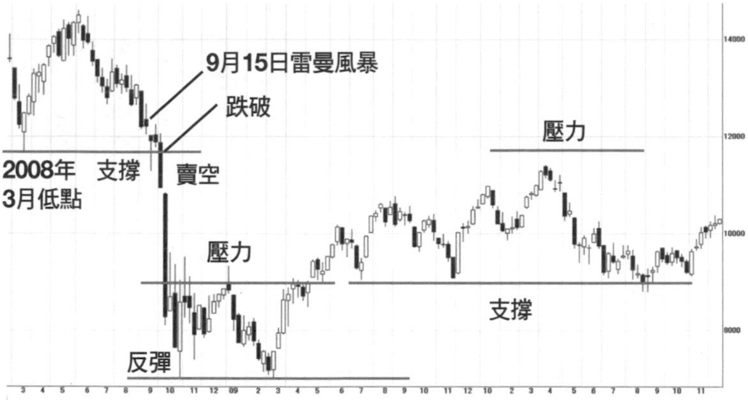

到的狀況下，大部分的人都會依本能行動。換句話說，很容易猜到接下來會採取什麼樣的行動。

在股價暴跌的時候，投資人會驚慌失措地出清部位，連投資信託之類的基金也會急著變現，因此會產生恐慌性的賣壓。這麼一來，過熱的交易當然會跌破（下探）二〇〇八年三月的低點（一萬一千六百九十一元），日經二二五期貨等各式各樣的金融商品也會進場拋售。賣壓愈大，就會引起更失去理智的拋售。

然而，市場不會永遠只往一個方向漲跌。當拋售的賣單全部消化完畢以後，原本掛賣的人就會買回，發生

「反彈」的現象，拉出一條彷彿從高處把球丟下來的曲線。無論怎麼暴跌、怎麼急漲，從暫時會出現與其動向相反動作的歷史事實來看，瞄準反彈來買賣也是一種戰術。市場出現大動作的時候，跳進去挑戰是一種戰術，等到過熱的市場開始修正再進場也是一種戰術。

市場會不斷變化，所以只用一套戰術走天下很危險。最好能建立將投資組合分散在好幾個戰術或市場的「策略」。

第59件事

做自己的投資筆記

累積了積極投資的經驗後，就能縱向或橫向地整理資產類別、金融商品、投資策略。所謂整理，是指自然而然地在腦海中，將各種商品的特徵及買賣策略分門別類。

例如，壽險分為定期保險、終身保險、養老保險、年金保險、醫療保險及癌症保險等等。各種保險又可以依保障的目的、特徵及期間等等來分類。上述的作業一點也不難，習慣以後就能自動自發地在腦海中分類整理。即使各家保險公司會分成更細的商品，但是只要理解基本原理，應該就能分得清楚。

假設有一位四十歲的男性投保了「六十歲滿期，三千萬元的定期保險」，由於定期保險要「每年更新」，所以並沒有滿期保險金。也就是到六十歲滿期的時候，保費也不會還本。既然不會還本，所以應該選擇保費比較低的公司。實際保費會依各家公司、各種條件而異（圖表4-13）。

圖表4-13　40歲男性，60歲滿期的定期保險

（單位：元）

	標準體況	抽菸健康體況	不抽菸標準體況	不抽菸健康體況
A公司	12,810	11,550	-	10,020
B公司	13,830	10,800	9,720	6,810
C公司	11,160	10,890	9,180	7,950
D公司	13,890	-	-	-
E公司	13,710	12,840	10,980	10,260
F公司	13,560	13,440	12,090	9,720
G公司	12,420	12,030	-	10,800
H公司	12,780	12,300	-	10,920
I公司	11,280	-	-	-

舉例來說，假設D公司針對「標準體況」的保單，保費為一萬三千八百九十元（繳到六十歲的總保費為三百三十三萬三千六百元），相較之下，只要符合一定的條件，購買B公司賣給「不抽菸健康體況」的保單，保費不到D公司的一半，只要六千八百一十元（繳到六十歲的總保費為一百六十三萬四千四百元）。

這兩張保單到了六十歲滿期的時候都不會還本，在那之前支付的保費差額卻高達一百六十九萬九千兩百元。為何會出現這麼大的差別呢？只要理解保險的構造，就能略知一二。

首先是標準體況與不抽菸健康體

況的差別。簡單來說，只要符合不抽菸，身高與體重的比例（BMI）及血壓的數值保持在一定範圍內的「不抽菸健康體況」，保費就會比較便宜。

其次是保險公司營業費率的差別，每家保險公司花在公司運作上的成本比率都不一樣。不用花太多成本就能維持運作的保險公司，與成本比較高的公司，差別就會反映在保費上。再來是有分紅（保證配息）與不分紅商品的差別。在此不做太詳細的說明，總之是會將紅利回饋給要保人與不回饋的保險，後者會設定比較便宜的保費。

只要能像這樣理解金融商品的構造，自行選擇，就能產生相當大的利差。如前面所舉的例子，把相似的商品拿來比較，將有助於了解其構造。像是外匯，手續費的成本是否比基金低、能否大量使用槓桿、能否二十四小時交易、是否以櫃台買賣為主等。

也有人因為「外匯有槓桿作用，感覺好可怕」，所以只做外幣定存，但是外幣定存的缺點是手續費加起來很高、不能中途變現、匯率不佳。另一方面，外匯公司中，也有可以只用一倍的槓桿來交易的公司。圖表4-14即為一例。

即使外幣定存的利率與外匯市場的換匯點大致相同，兩者的成本各是多少

圖表4-14　存澳幣

	外幣定存	貨幣市場基金MMF	外匯市場FX
年利率（換匯點）	約3%	約4%	約4%
每一元澳幣兌美元的交易手續費	約0.5～2.5元	約0.6～1元	約0.01～0.05元
解約	有不可中途解約之類的罰則	隨時	隨時

※2010年12月統計；每家公司規定都不一樣，此處僅供參考。

呢？舉例來說，相對於一萬澳幣兌美元的外幣定存，來回的交易手續費大約要兩萬元，外匯市場只要五百元左右就能搞定，光是手續費就產生了一萬九千五百元的差額。只要比較交易成本，績效就會在不知不覺間產生差異了。

第60件事

找出適合自己的金融商品

以五年為目標的練習期間裡，由於目的是找出適合自己的投資手法與金融商品，所以不妨擬訂各式各樣的計畫，進行各式各樣的研究，多方嘗試（但不是外匯不行就換股票、當沖交易不行就換波段交易這種單純的想法）。

釣魚依魚種也有各種不同的釣法，即使是同一種魚，釣法也會有所不同。舉例來說，光是釣鯛魚，就有岸邊的浮標釣法、船上的浮標釣法、木筏上垂釣法、防波堤上甩竿法、船上鉛頭與釣鉤一體化的軟餌釣法、假餌釣法等，琳瑯滿目。而且這還只是其中的一小部分，地區不同也有所不同。

另外，使用的魚餌也相異。南極蝦（冷凍蝦）、活蝦、青蟲等蟲類，或是貝類、螃蟹、假餌等種類繁多。而且基本上，各有各的組合，如果是船上的浮標釣法，可以用南極蝦或活蝦；如果是拋竿式釣法，用的則是蟲類。南極蝦也要把活的和煮熟的分開來用，如果是活蝦的話，必須把綠尾對蝦和劍角新對蝦分開來用，這都是基於經驗所得到的知識。

我為何要提到釣魚的事呢？因為我想讓大家知道，即使是單一種金融商品，也會因為使用方法而產生相當大的變化。如果只知道在兩條移動平均線黃金交叉的時候買進、死亡交叉的時候賣出這種戰略，就像是只知道站在防波堤上，用魚皮假餌釣竹筴魚的釣法一樣，非常受限，而且只能在特定的釣場釣魚。

要是經驗不足，等於無論面臨什麼樣的狀況，都只能以這種釣法來應戰。舉例來說，去近海釣魚的時候，站在防波堤上用魚皮假餌釣竹筴魚的釣法是完全派不上用場的。單是一個天秤錘，若用魚皮假餌來釣，以十公克左右最為適當，但是如果要出海釣海底的魚（底釣），有時候可能得用上一百公克左右的天秤錘。十公克一下子就被潮水沖走了，根本無法因應。

「自己想釣什麼魚？」「了解那種魚的特徵嗎？」「要用哪種釣法才能釣到那種魚？」「要使用什麼工具？」「要準備哪一種魚餌？」「什麼時候才釣得到（時期或時段）？」等，光是釣魚這件事，從起心動念到付諸實行，要決定的事非常多。

投資這件事也是一樣。換成股票，「要買哪一支股票？」「了解那支股票的特徵嗎？」「要用什麼戰術來買賣那支股票？（要買還是賣？時間軸要怎麼看？）」「要以什麼標準來買賣？」「何時進場？何時退場？」等，必須面對許許多多的問題，所以必須事先想好自己的一套答案才行。

繼續以釣魚為例，實際來到釣魚地點，必須配合天氣、潮汐方向及魚餌不見（指魚餌被並非標的物的小魚咬走）等狀況，修正釣法及魚餌。換句話說，即使已經事先決定到一個程度，一旦實際開始釣魚，還是得配合現場的狀況，進行修正。

釣魚和股市都是以生物為對手，因此最終還是需要有當場順應變化的能力，而那個能力來自於經驗及知識。

第61件事

金融商品越簡單，風險就越單純

經常有人問我「若要開始積極投資，該買什麼才好？」我通常都會建議先從個股、ETF、基金、外匯，或小日經二二五期貨市場開始。關於各自的基本構造，可以上各證券公司提供的免費網路下單介面學習，本書就不多詳述。

基金、外匯或小日經二二五期貨市場都能使用槓桿，所以資金獲利高，相對地損失也大。因此，要事先縝密地把投資金額與停損金額一次決定好，否則不久就會被市場逼退。這麼一來，在投資的時候應該會很緊張吧，但我認為在那種緊張的感覺下投資，其實有助於成長。

投資必須有「絕對」且嚴格的買賣紀律。不只是具有槓桿作用的商品而已，即使是銀行或證券公司推薦的基金，剛開始投資的人也必須包含停損在內，擬訂嚴格的紀律。

實際上若不認真做功課就買基金，一旦獲利情況不佳（很可能會變成這樣）

就繼續改買其他基金來操作，結果黯然退場的人，遠比你我想像的還要多。因此，**在投下大筆資金購買基金以前，應該先以少量的資金，從事大量具有桿槓作用的交易，了解紀律的重要性**。

這麼一來，就能慎重地選擇基金。另外，應該也要嚴格地制定好持有期間、買入金額、停損的設定等等操作上的紀律。

適合用來學習投資的金融商品還有一個要素，那就是「簡單」。我在保險公司及證券公司上班的時候，有一件事讓我覺得很不可思議。那就是「自己選擇金融商品的人，通常都會選擇簡單的商品」。當我提供壽險的諮詢時，學習自己需要什麼保險的人，通常能夠選擇合理且不浪費的保險商品，而且那些商品基本上都很簡單。

以前由保險公司販賣的商品，附約多得跟什麼似的，而且全都是一些要保人很難理解的附約。就像這樣，故意用花言巧語加上一堆附約，把保單搞得相當複雜可是業務員的強項。

投資也是，**自己選擇金融商品的人，不管是債券、股票、貨幣還是期貨，操作的都是比較簡單的商品。另一方面無法自己選擇的人，所操作的商品都很複**

雜，例如把定存和基金綁在一起的商品或連動債等等。

商品愈複雜，對買賣雙方來說都是一件好事，因為不容易發現「那種可怕、大家都討厭的風險」。而且賣方也能在不被買方發現的情況下多賺一點手續費，買方也會付得不知不覺。

我猜在金融機構的推銷下購買商品的人，多半都是新手。因此，明知風險要盡可能單純才好，他們卻多半都會買下既複雜又難以管理的金融商品，就是基於這個原因。愈是簡單的商品，風險愈單純，而且一清二楚。債券的話，就是信用風險；如果是貨幣，則是匯兌風險，一目瞭然。然而一旦變成複雜的商品，也會加入信用風險和匯兌風險，讓人搞不清楚到底什麼才是真正的風險。

連動債包含選擇權及換匯的概念，必須要有深厚的金融知識才能了解商品。既然如此，販賣對象也應該要鎖定金融知識深厚的人，但金融機構的販賣對象是所有人。恐怕就連販賣商品的營業員，也無法說明那支連動債的商品內容，或者是沒考慮到市場實際波動時該如何應對。

正因為金融商品有其風險，所以才會有利得。如果不能正面面對風險，就算是基金也不該碰。

第62件事 投資基金有5個注意事項

投資基金的風險比較低、因為大家都在買、因為身邊的人都賺到錢了、因為對將來不安、因為個股的交易很可怕、因為銀行的窗口推薦等，以上是購買基金的常見理由。

然而說老實話，我不買基金。因為申購手續費（最近也有稱之為「No-load Fund」的免手續費基金）及每年的信託管理費、保管費等操作成本不低也就算了，倘若操作結果不盡人意，那不如自己操盤，還比較能心服口服。每年支付高額的信託管理費，若績效還是負的，簡直是雙重打擊，令人一蹶不振。

只是，考慮到有些人還是想把投資基金加到自己的投資組合裡，提供以下購買時需要考慮的事項。

1 不要任營業員擺布

最近利用網路自己調查基金的特徵之後，再來購買的人變多了。但是以比例來說，依舊還是少數。據我所知，大部分的人還是任銀行或證券公司等金融機構的營業員擺布，基於熟悉的金融機構的人這麼說，這種人情債購買基金的人比想像中來得多。

當然，大部分的營業員都是認為該金融商品還不錯才會推薦，他們也不樂見客戶因為賠錢而鬱鬱寡歡，如果能看到客戶喜悅的表情，想必他們也會很開心。但問題在於，投資基金的報酬非常不穩定。風險不會因為交給專家操作就消失，誰也不知道最後會變成怎樣，可以確定的只有投資人支付的手續費。

所以反而是自己不做任何功課，營業員說什麼就照著買的人不對。請容我再說一遍，要對自己的錢負責的不是別人，是自己。

營業員只是照著公司教的話術，對客戶說出一套結局非常完美的劇本。然而，**客戶的成功固然重要，但是對公司而言，最重要的還是業績。公司必須募集資金，賺取手續費才能活下去，所以重視的是業績或手續費的收入。簡單來說，就是只會推薦對自己有利的商品。**

2 正在流行的都已經退流行了

在千奇百怪的投資方法中，以投資基金來增加資產的人都有一個共通點，會趁低檔時逆勢買進。然而，永遠要等到事過境遷，才能確定哪裡是「低檔」。逆勢買進的時間不見得是正確的時機，因此不能說是適合推薦給初學者的方法。尤其當下跌的趨勢看起來很糟糕，全世界都陷入悲觀的時候，實在稱不上「目前正是購買股票基金的好時機」。

而且，大部分的營業員都會推薦最近流行的基金。因為若以「已經變得很便宜了」為由，推薦最近表現不好的基金給客戶，大部分的客戶都會不高興，還不成熟的營業員也不敢這麼做。

然而，當金融機構推薦流行的商品時，其實就表示那個流行已經走到盡頭。因為已經漲過一波了，才會開始流行。從基金的企畫到實際問世，應該已經過了一段時間。

請想像自己站在設計基金的立場上。倘若自己設計，一定會設計「目前客戶最想買進的商品」吧。舉例來說，若客戶說：「電視上說印尼經濟好得不得了，所以我對投資印尼的基金有點興趣」，要你介紹自家公司經手的基金商品。想必沒有人會回答：「這位客人，印尼經濟已經開始泡沫化了。感覺才要開始起漲的日本股票型指數基金不是比較安全嗎？」因為將來會怎麼變，誰也不知道。

如果自知坐上末班車，鎖定以幾個月為單位的獲利，倒也不見得完全看不見前景。只不過，如果想從事超過一年的操作，就必須對正在流行的東西提高警覺。

3 別輕信專業

投資基金可以大致分為「主動型基金」與「被動型基金」兩大類。前者是由人稱基金經理人的專家用獨家的手法，以製造出比TOPIX或日經平均等指數（index）更高的績效為目標。另一方面，被動型基金又稱「指數型基金」，藉由持有與構成這些指數相同的個股，以求達成與指數連動的目標。

兩者都是「把命運交到別人手上」，所以乍看之下似乎是很輕鬆的金融商品。但是主動型基金多半無法打敗指數，是不爭的事實，另外被動型基金也有一半以上打不贏指數。操作規模那麼大，又要付手續費，會輸給指數也沒什麼好奇怪。實際上，不用追溯到過去十年，但是可以請營業員列出這五年來每年都超過

「所追蹤指數（指標指數）」的基金。

話說回來，絕大部分的基金都不是避險基金，並非以「絕對利益」為目標，而是要高於指標指數。舉例來說，假設當年度的指標指數，也就是市場平均指數為負二〇％，只要該年度結束前能交出負一五％的成績單，那位基金經理人就是「優等生」，可以洋洋得意地自誇達成任務了。

問題是，在投資人眼中看來就是賠錢、資產縮水。我們不妨從具體的數字思考，假設以一百萬元買進的基金，一年後減少到八十五萬元，如果隔年的操作可以保證收益還好，但這種事沒人能保證，搞不好還會賠更多。

倘若十年過去能賺二〇％也就算了，問題是萬一過了十年還是正負相抵為零，或績效根本是負的話，等於白白浪費了十年，我最在意這種時間的浪費了。當資產不符預期地縮水時，大部分的投資人都會不曉得該怎麼辦才好，所以就放著不管。最後搞到有人會想說：「乾脆把這筆錢丟掉，用這種覺悟來購買基金吧！」

另一方面，營業員可能會在這個節骨眼上，見風轉舵地推薦新商品：「現在是新興市場的天下喔！」於是那負一五％的基金便以長期投資為名，放著不管。

這麼做的最大問題在於資金無法動用。如果能斷然停損，雖然資金縮水，還能把剩下的資金投資到新的標的。然而一旦放著不管，就無法這麼做了。

基金至少有一千支以上，如同股票，要選出一定會上漲的基金難如登天。從這個角度來看，絕不能因為是基金就放心地投資。

4 理解方針

投資基金時，一般都是以長期投資為前提。我猜有很多人是以「放個五到十年來看」的感覺購買基金，舉例來說，即使買進一年後出現虧損，金融機構的營業員也會說：「從長期的角度來看，還算是很穩定喔！」投資人多半會採取樂觀的想法（想說服自己）：「因為是長期投資，再觀察一陣子吧。」

另外，如果日經平均指數的績效為年負二五％，自己購買主動型基金的績效為年負一五％，業務員或許會說：「這檔基金的經理人已經很努力」、「和其他基金比起來，表現得不算差」、「下場更悲慘的人比比皆是」，提出一些至少能讓投資人安心的樂觀數據。

這也是基於人類的心理，本能會屏蔽對自己不利（負面）的資訊，只接收對自己有利（正面）的資訊。投資人本身也想聽從營業員的回答，消除心中的不安。想說服自己，其他人的投資績效更慘，自己已經算是好的了。

問題是，營業員口中的「長期」其實有點不負責任。**的確，資產運用及資產形成都必須以長期計畫來進行。但是真正的長期投資，是要把一個一個的策略與實際的買賣結合起來，長期地持續下去，絕不是買進來就放著不管。**

增加資產與購買接下來績效會變好的基金，並不能畫上等號。假設購買投資新興市場股票的基金，由於市場的變動十分劇烈，單筆申購可能會買在最高點。由此可知，重點在於要有計畫地進行時間分散與投入資金的分配，好比要在什麼時間點投入多少資產。

此外，**如果要長期持有，更應該徹底理解基金經理人的操作理念，對其操作手法產生共鳴**。例如像「Sawakami基金」那種持續操作十年以上，而且經理人不接受短期持有的投資人，只賣給長期持有者這種擁有某種理念的基金，我就覺得很有趣（只是覺得很有趣，並不是要推薦的意思）。

然而，大部分的基金都只知道是由「某個人」操盤，不清楚某個人是哪個人（只知道公司）。銀行及證券公司只不過是販賣窗口。

5 風險管理

恐怕在購買基金的時候，投資人與營業員都只想到好的那一面。然而，必須無時無刻都先想到「萬一賠錢怎麼辦？」我已經說到口水都乾了，「賠多少就要停損」才是投資最重要的重點。

要是金融機構推薦您投資基金，不妨反問對方，萬一虧損的時候該怎麼辦。如果是我，會提出以下的問題。

- 預估跌到多少會造成虧損？
- 又是在什麼時候，或是因為什麼原因會造成虧損？
- 認為虧損多少就要停損？
- 要持有到什麼時候？
- 有沒有什麼金融商品能彌補這款商品的缺點？
- 第一次和每年各收取多少手續費？
- 隨時都可以解約嗎？解約的手續為何？

這麼一來能得到多少令人滿意的答案呢？**營業員固然具備金融知識及販賣知識，但是對於賠上自己的資金，從許許多多的買賣經驗中學習的人類心理，以及為了增加資產的投資方法、風險管理方法，我猜測他們並不曉得。話說回來，是否真有以增加資產為目的的投資策略都還在未定之天。**

還有，這些問題也應該拿來問自己。

第63件事
會配息的基金有風險，該怎麼避開？

愈來愈多投資人開始注意投資基金的「配息」。所謂配息指的是將一定期間內的操作成果分配給投資人，其主要的資金來源是經由操作得到的買賣獲利、持有股票的配股配息及持有債券的利息收入。

之所以受到矚目，是因為能設計成符合投資人需求的商品。換句話說，或許很吸引人，至少商品開發的人是很引以為傲的。然而金融商品還是「簡單的最好」。營業員推薦的分配型基金多半是很複雜的商品，我擔心會不會根本沒有投資人，是在真正地理解分配的結構與風險之後才加以利用。

舉例來說，在說明每月定額分配型（也有每隔幾個月的，種類依商品而異）的商品時，營業員會使用「感覺就像年金」的話術。在社會保險令人不安的現在，每個月都可以領到錢的「年金」這個字眼聽起來很有魅力，會讓人產生每個月領取的配息、操作很穩定等的錯覺。

此外，比起時間軸還很遠的金錢，人類傾向喜歡快錢。每月分配型的基金是能滿足人類短視近利的商品。不僅如此，實際分配到利息還能帶來滿足感，刺激人類的擁有欲望。而人類在心理上，一旦擁有就會認可那樣東西，並給予高度評價，且希望能繼續擁有。我認為這真是一種巧妙捕捉到人類的行為動機，設計得很高明的金融商品。

以下將帶領大家來思考，一檔基金每單位的配息為每個月四十元、申購手續費為一％、信託管理費也是一％的基金（當然也有免手續費、信託管理費更低的分配型基金）。假設以標準價格每單位一萬元買進一千單位（投資一千萬元），如此一來，申購手續費為十萬元，信託管理費亦為每年十萬元。

假設每個月能收到四萬元的配息，一年就是四十八萬元。但是還要支付每年十萬元的信託管理費，等於每個月只收到四萬元，卻要繳回八千三百三十三元。說一句不客氣的，等於是每個月支付八千三百三十三元的手續費，只為了定期從自己的一千萬本金裡拿回四萬元。

在購買分配型的基金時，投資的基本概念與購買其他商品相去不遠。投資人必須了解投資國家、發行單位、等級評比、償還期間、匯率風險（有沒有避險）、資產規模、運用實績，再加上各種手續費及信託管理費等，這些「扣分」的部分之後才能購買。也應該事先決定好什麼時候可能要解約。

第64件事

了解定期定額投資，才買基金

想必大家都聽過「定期定額投資法」。這是指每個月以固定的金額，分批購入同一檔金融商品的方法。這種方法的好處在於，可以在該檔金融商品的市價高點時少量買進，低檔時大量買進，比起每個月購買相同的數量，可以壓低平均購買單價。

舉例說明，從二〇〇八年十一月到二〇〇九年四月，以每月一萬元定額投資日經平均指數，與每月固定投資一萬股，兩者的比較結果如下（圖表4-15）。

若以固定金額買入，平均購買單價為八千三百五十七元，共七・一八萬單位。另一方面，若以固定數量買入，則平均購買單價為八千三百六十六元，共六萬單位（這還沒有考慮到申購手續費及信託管理費）。結果是以定期定額買入的方式結果會比較便宜，可以買到比較多的單位。倘若市場在投資期間下跌多次的話，以定期定額可以買到更多單位，對投資人比較有利。

圖表4-15　定期定額投資法1

圖為2008年11月到2009年4月的日經平均指數

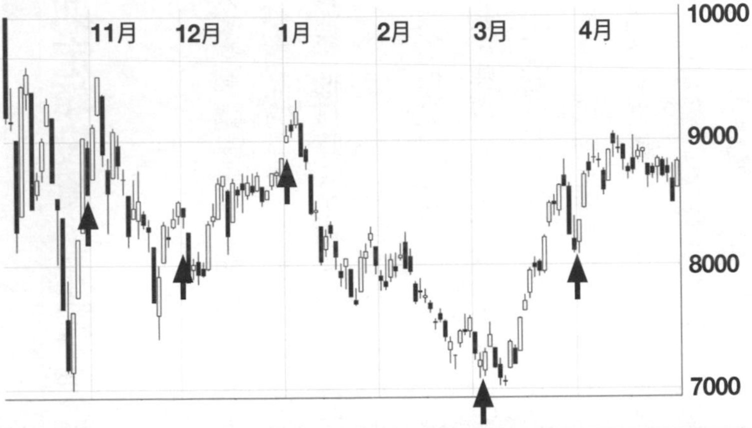

	11月	12月	1月	2月	3月	4月	合計
標準價格	9,000	8,500	9,000	8,000	7,500	8,200	
每月1萬元	1.11萬單位	1.17萬單位	1.11萬單位	1.25萬單位	1.33萬單位	1.21萬單位	7.18萬單位
每次投資	10,000元	10,000元	10,000元	10,000元	10,000元	10,000元	60,000元
每月1萬單位	1萬單位	1萬單位	1萬單位	1萬單位	1萬單位	1萬單位	6萬單位
每次投資	9,000	8,500	9,000	8,000	7,500	8,200	

然而，這只不過是結果論。輕鬆的定期定額看起來很簡單，但是要在像這樣暴跌時也繼續買進，需要非常強大的自制力，**否則很容易半途而廢。最重要的是要有持以之恆的意志力**。

如同我之前提過的，大前提就是在自己設定的投資期間內，市場要漲過平均購買價格。萬一在投資期間結束時，市場跌得比平均購買價格還低，損失就會擴大。說到底，投資最重要的還是出場。

請容我不厭其煩地強調，投資必須要有目的，而目的終究要有結束的一刻。就算利用定期定額投資法降低平均購買價格，萬一在結束的時刻，也就是需要動用到錢的時候，市場跌得比平均購買價格還低，就不能算是成功。

假設以定期定額投資日本股票。以下是從二〇〇〇年開始，用定期定額投資法十一年來每年年初的投資範例（見圖表4-16）。

自二〇〇二年起的五年間，以定期定額投資操作，在結束的時期多少有些獲利。但這是就結果論而言，因為二〇〇二年是非常悲觀的時期，新手就算有勇氣開始投資，有沒有堅強的意志，能夠不為所動地繼續投資，則還是未知數。

低買高賣說起來很容易，但實行起來可是難如登天。實際上，我忘了在哪一

圖表4-16　定期定額十年的結果

2000年～2010年日經平均指數

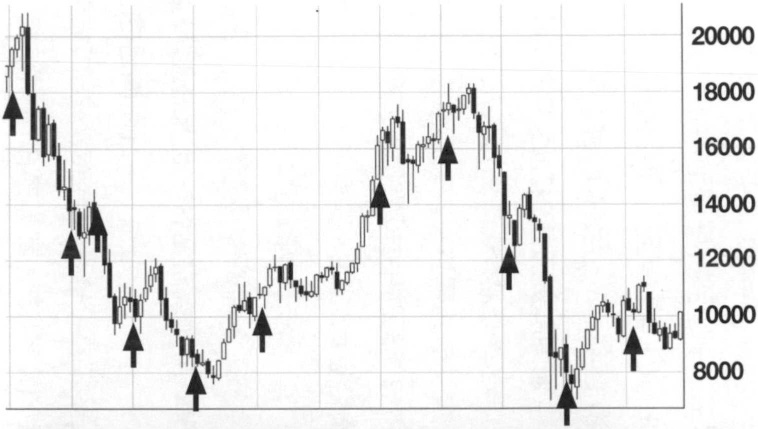

年	標準價格	每年投資1萬元		每年投資1萬單位	
00	19,000	10,000元	0.52萬單位	19,000元	1.00萬單位
01	14,000	10,000元	0.71萬單位	14,000元	1.00萬單位
02	11,000	10,000元	0.91萬單位	11,000元	1.00萬單位
03	9,000	10,000元	1.11萬單位	9,000元	1.00萬單位
04	11,000	10,000元	0.91萬單位	11,000元	1.00萬單位
05	11,000	10,000元	0.91萬單位	11,000元	1.00萬單位
06	16,000	10,000元	0.62萬單位	16,000元	1.00萬單位
07	17,000	10,000元	0.58萬單位	17,000元	1.00萬單位
08	14,000	10,000元	0.71萬單位	14,000元	1.00萬單位
09	9,000	10,000元	1.11萬單位	9,000元	1.00萬單位
10	10,000	10,000元	1.00萬單位	10,000元	1.00萬單位
合併		11,000元	9.09萬單位	141,000元	1.00萬單位
平均每單位的購買金額		12,101元		12,818元	

圖表4-17　上海綜合指數

2002年7月～2010年11月資料

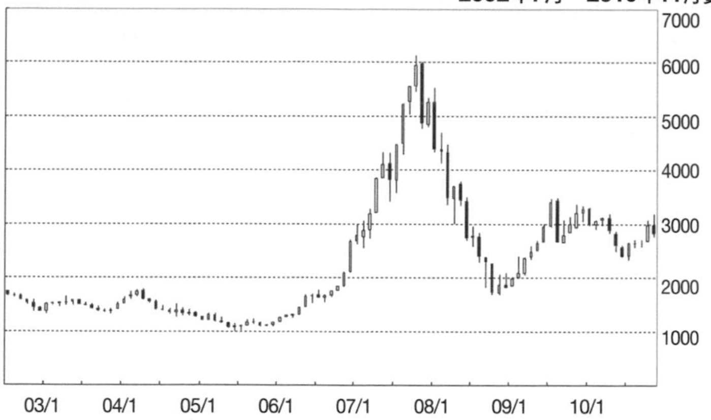

篇報導上看過，二〇〇八年因雷曼風暴導致股價暴跌的時候，網路證券戶的開戶人數激增，但就算開了戶頭，真正購買股票或基金的人其實並沒有那麼多。

簡單來說，平常沒有研究的人就算吵翻天地說，這是百年一遇的金融危機，此時不買更待何時。但如果不知道適合自己的進場與退場時機，等於是白搭。

那麼，傳說中最適合定期定額的新興市場又如何呢？以下是最具有代表性的中國股價指數，也就是上海綜合指數從二〇〇二年七月到二〇一〇年十一月的走勢圖（圖表4-17）。可以看出若抓不準定期定額投資的解約時機，依舊無法順利地操作。

定期定額投資看起來是很輕鬆的投資法，但是請容我再三強調，世上沒有輕鬆的投資。一樣必須要先設定定期定額期間、目標金額，還必須在所選擇的商品市場上下震盪時，也能持之以恆。尤其後者的條件，其實只有高手才能駕馭。

因為必須要有深厚的知識才能選擇商品，因此有要耐力及紀律才能持之以恆。我認為定期定額是高難度的投資，因為在投入很長的時間之後才發現自己搞錯，這樣的打擊是非常大的。如果有信心能選出價格會在結束時上漲的商品，不如不要定期定額投資，而是反覆操作ＥＴＦ的買賣以追求複利效果。

定期定額結束的時候，市場會不會漲得比平均單價還高，只有天知道。雖說運氣也是實力的一種，但我不想把命運交給上帝決定。

第65件事

做到定期定額儲蓄

定期定額儲蓄與定期定額投資，看起來相似但並不一樣。如果單純以「與其定期定額儲蓄，不如定期定額投資」的感覺選擇後者，我寧願推薦定期定額儲蓄。

先花一年的時間，每個月提撥固定金額的定期定額儲蓄，很適合用來操作每年需要整筆資金的投資。舉例來說，假設每個月固定存下三萬元，一年下來就有三十六萬元的定期存款。再每年把這三十六萬元拿來投資，當成投資組合的加碼資金。當然，每次都要先等定存到期後，才能拿來投資。

藉由每年追加三十六萬元的加碼資金，再結合經驗，就能墊高資金水位。為了避險，自然也要考慮資產配置。這裡有一點很重要，那就是定期定額儲蓄也要審慎地決定好一年或三年的時間軸，有計畫地執行。

第66件事

搞懂退休金式的年金保險

對於開始規劃三十年後退休資金的人，我認為個人年金保險也是個不錯的選擇。要是預定利率能有以前那麼高的話，就更值得推薦了，只可惜因為最近的低利率，導致表現只能說是差強人意。

個人年金保險是由保險公司推出的商品。以下討論的是年金給付金額固定的定額個人年金。之所以選擇這項商品，是因為它可以使用保險費扣除額。有很多人都在使用壽險的保險費扣除額，卻不知道個人年金保險也可以扣除，因此想為大家說明一下。

單純只考慮支付的保費與給付的年金，或許不覺得有什麼吸引人的。但是若用於所得扣除，看法就會有一百八十度的轉變。

要利用個人年金保險的扣除額，必須符合特定的條件，附加個人年金保費稅制適用特約才行。舉例來說，若每年要繳超過十萬元的個人年金保費，就有五萬

的稅率為百分之十，就有五千元的節稅效果（上述扣除額為二〇一〇年十二月的資料，可能會有所變動，請上國稅局的官方網站查詢最新消息）。

或許有人會認為才區區五千元，但超過十萬元的保費就有五千元獲利空間的話，換算下來可是五％的帳面收益。再考慮到個人年金保險的獲利與住民稅[1]的扣除額，帳面收益其實更高一些。

如果只考慮用定期定額投資來操作退休基金，這種定額的個人年金保險就很值得參考。當然也關乎於保險公司的信用風險，但基本上都能保證還本。即使不考慮實際的帳面收益，也能巧妙地利用制度，在現階段就達到百分之五左右的獲利。就保證還本的商品而言，我認為還算不錯。以上的計算看起來可能有點牽強，但這種思考邏輯在投資上可是不可或缺的。

註1：在日本所得稅有兩種，一種是繳給中央政府的所得稅，另一種則是繳給各級地方政府的住民稅。

第67件事

認識股東贈品

前文有提過，我在積極操作時採用的手法是短期買賣。但是關於「股東贈品」則另當別論，會考慮長期持有。這跟之前討論過的資產型投資組合完全是兩回事，目的十分明確，所以只要依這種目的來買股票，應該就不會錯。

在網路上搜尋「股東贈品」，不難發現有很多網站依照業種或帳面利益等，分門別類製作成一覽表，這對感興趣的人真是謝天謝地的資訊。由於股東招待券又分成折扣券或禮券，與金錢扮演同樣的角色，因此絕不能小看。

我最常利用的是KAPPA CREATE和ZENSHO的股東招待券。前者旗下有河童迴轉壽司，後者旗下則有Big Boy、SUKIYA、牛庵、燒肉俱樂部、以及Nakau、COCO'S等餐廳。由於集團旗下大部分的餐廳都可以用，所以我經常去吃午餐。

只要持有五十股KAPPA CREATE的股票，每年就可獲得一次五千兩百元的禮券（二〇一〇年十二月資料），而且每年還會配股配息。由於是以一股一千六百五十元購買，若將禮券換算成等值的現金，等於是八萬兩千五百元（一千六百五十元×五十股）的投資，光是股東贈品就有五千兩百五十元，相當於七．二％的帳面收益。

另一方面，只要持有一百股ZENSHO的股票，每年就可獲得兩次一千元的禮券（二〇一〇年十二月資料）。不過，當初我買進這家公司的股票時，每年會收到兩次三千元的禮券。我是以一股三百五十元買下，所以相對於三萬五千元的投資，當年度就回收了六千元。就算不考慮股息，年利率也有一七％。

理所當然的是，股東贈品的內容經常會改變，還有禮券只能在指定的店鋪使用等規定，不拿來用的話相當於廢紙，就算拿去票券行換錢也不可能以票面金額賣出。此外，萬一股價比購買的時候還低，不如拿損失的金額去吃飯還比較省錢。

一般來說，因股東贈品受歡迎的股票價格會隨著除權息季節產生變動，一路上漲到認列除權息的截止日當天（除權息交易日的前一天），簡直就跟拍賣的競標一樣。不過，等到下一個營業日（除權息交易日）股價就會下跌。

拍賣的恐怖之處，就在於要與競標對手一較長短，可能會失去冷靜，把價錢推升得太高。我只有在想長期持有股東贈品時，會考慮股價已經跌落谷底的個股。再說得詳細一點，就是購買從移動平均線乖離率來看屬於暴跌的個股，非常單純。

現階段我很滿意這個策略。例如我買進ZENSHO股票是在二〇〇八年十月，也就是因為次貸問題，所有個股都暴跌的時候。除此之外，我還鎖定其他幾支個股的股東贈品，也下了限價委託單，只可惜沒有成交。

那麼，或許會有人認為不需要對這種投資法下什麼工夫，但事實並非如此。這是因為目的不在於操作，而是股東贈品。若以賣掉的利差為目的，就必須事先想好退場策略。

話雖如此，為了盡可能避免股價上升的風險，就得盡可能買在最低點。所以幾乎無法成交，無法期待能有穩定的報酬率。而且因為是長期持有，缺點是資金會卡在那裡，無法將資金挪到下一次投資。因此若以股東贈品為目的，只能靜待每年只有一次左右的股價暴跌。

散戶投資人與基金經理人最大的差別，就在於前者能耐心地等待輪到自己出手的時機。無論股價是上漲或下跌，基金經理人都必須隨時調查部位，持續作戰。但散戶投資人只要耐心地等待上場的機會，等到時機成熟再出手即可。

鎖定的股票並沒有今年非買不可的，或許明年還是買不到，但是只要沒買到，資金就不會減少，所以完全沒問題。

投資的贏家經常把「別把勝利放在心上，只要考慮不要失敗就好了」這句話掛在嘴邊。簡而言之，重點在於別讓資產減少。請不要著急，耐心地監視市場。

第68件事

最後清楚這8個問題，你就可以進場！

接下來要開始進行投資的人，請先回答以下這幾個問題。

問題1 你為什麼要從事積極投資？

問題2 你打算花多少期間持續進行積極投資？

問題3 你希望到頭來增加多少資產？

問題4 你會在什麼樣的情況下進場買賣？

問題5 你會在什麼樣的情況下出場？

問題6 為了達成剛才回答的投資期間與目標金額，你打算在什麼樣的時機投入多少資金？

問題7 你要投資多少的金額在一次的買賣上？

問題8 為了賺錢的時候或賠錢的時候都能保持平常心，你打算怎麼做？

請盡可能具體地回答。例如，問題4的答案若是「便宜就買，漲價就賣」，就不夠明確。回答的內容必須具體到如同以下：在設定十四天為觀察期間的ADX指標超過三十的狀態下，一旦突破二十日高點就試買一單位，跌破二十日低點就試賣一單位。

建議以文字明確地回答，要寫得淺顯易懂，讓自己以外的人也能一看就理解。回答得愈明確，愈能整理自己的思緒，也愈能輕鬆地採取行動，或許還會注意到自己之前忽略的地方。

也可以用電腦打草稿。只是，把思緒整理好之後，最好再把答案寫進自己的投資日記裡，至少要印出來貼在牆上。

各位或許覺得寫投資日記很麻煩，但是人一轉頭就會忘記，因此鉅細靡遺地記錄自己的投資行為及操作績效，經常看著這份紀錄反省，思考有沒有什麼需要改善的地方，是累積知識與經驗最好的方法。

後記
投資，從模仿開始吧！

感謝大家看到最後。

或許有人覺得這本書的內容很無趣，但是在投資世界裡存活下來的人，一開始最重視的就是如何巧妙地防守、降低失分。這確實是無趣的工作，不是華麗的防守。

打棒球要攻守互換，打排球則要隨時輪流防守與攻擊。我們的目光很容易受到華麗的攻擊或得分畫面吸引，但只有攻擊無法一路贏到最後。最終排在前幾名的隊伍，通常會在建立穩定守備後降低失分，讓自己持續處於優勢。

關於本書提到的關鍵字「腦內投資組合」，攻擊戰術並不是全部手法。但是，大部分的新手都只專注這一點，而且尋求簡單的答案。

首先，必須研究能為心法或資金管理佐證的防守手法，累積實戰經驗。在認真地重複比較、反省及研究的過程中，形成自己的腦內投資組合。透過這種積極的經驗，維持投資核心，不停地思考適合自己的生存之道，就能形成投資組合，讓自己的投資風格得以進化。

目前，我將短期操作的系統交易，視為自己的投資風格核心，不過那只是因為這個方法比較適合我而已。每個人的喜好及性格各不相同，當然會有千奇百怪的操作手法，可以使用基本分析，也可以把時間軸拉成長期而非短期。我曾經在各式各樣的投資市場中，試過各式各樣的手法。

或許這是一種繞遠路的感覺。但是，正因為能從這些錯誤中學習，才有現在自己的腦內投資組合與投資風格。

不只是投資，在看不見的未來裡順應變化，也必須擁有堅強的自信。一開始不妨先從模仿別人開始。然而，光是模仿無法為自己增加自信。能相信自己到什麼程度，端視在努力不懈的情況下能累積多少知識與經驗（包括失敗），將其內化為自己的獨門絕學。

為了在沒有正確解答的投資世界裡存活下來，要累積買賣經驗，鍛鍊自己的腦內投資組合。為了創造出自己的投資風格，只能靠自己的力量前進。倘若腦內投資組合能不斷地進步，投資風格也會跟著進步。

無論是置身投資或保險這種無形的領域裡，還是沈醉於釀造葡萄酒這種有形的世界中，通常都會有一個理由。我二〇〇九年去楠田先生的酒莊幫忙採收葡萄，二〇一〇年又花了一個半月的時間幫忙除葉及摘果。

雖然我只幫了一點忙，但這是釀造葡萄酒時非常重要的作業，而且十分期待自己幫忙採收的葡萄會變成什麼樣的葡萄酒。但是，從酒廠的角度來看，會形成什麼風味的葡萄酒，其實從栽培葡萄到釀造的過程（工程）中，已經可以看出一些端倪。

當我一個人在廣大的葡萄園摘掉葉子時，不禁想到投資其實也可以是一種釀造的過程，像是電器產品的使用說明書。

但是，這不同於購買基金時金融機構所提供的條款及公開說明書，因為他們為了保護自己，通常會故意把這些東西寫得艱深難懂。我所說的是，在買下投資商品以後，寫下的說明書應該包含：若市場波動再平衡或停損，該怎麼應對。這項工作能讓自己的腦內投資組合與投資風格，變得更明確。

從初階投資人晉級時，應該要已建立自己的投資風格。請寫下在飆漲與暴跌時，該怎麼應變的使用說明書。如此一來，可以預測在貫徹後的一年，看到多少理想的績效。當然，會發生意料之外的事，但這也要包括在意料之內。

最後，在《看了就能賺大錢》等有趣書籍大賣的情況下，像本書這種無趣、在商言商、「高風險無報酬」的書能得到出版機會，我打從心底感謝Pan Rolling出版社的社長後藤康德先生。

我也要對耐心仔細地編輯拙作的編輯高倉美緒小姐，以及簡直像是直接鑽進我的腦袋裡，將我的思考整理得井井有條的世良敬明先生，致上誠摯的謝意。還有，我的投資能力之所以能比前幾年進步，要感謝營業部大藏貴雄先生的指教。

附錄
投資大師們的金玉良言

在投資書當中，即使起初只是隨便翻過，或是有什麼無法解釋的部分，但在累積了某種程度的經驗後再閱讀，有些文章就會在心裡留下痕跡。為了不要忘記，建議把這類文章立刻寫在投資日記裡。

以下是一些令我心有戚戚焉的句子。我本身是書迷，再加上有些句子出自Pan Rolling出版社已出版的書，有興趣的人不妨實際翻閱一下。

「思考重於手法。」

——亞歷山大．艾爾德《走進我的交易室》

「投資是機率的世界。」

——成田博之《市場上的魔術師：日出之國的贏家們 卷十八》（朗讀書）

「最後進行交易的還是人類。」

——鹽坂洋一《市場上的魔術師：日出之國的贏家們 卷一》（朗讀書）

「不用去想接下來會發生什麼事。」

「什麼事都有可能發生。」

——馬克·道格拉斯《賺錢，再自然不過！：心理學造就九十％股市行情，交易心理分析必讀經典》

「交易是百分之百的心理戰。」

「人類總想玩會輸的經濟遊戲。」

——凡·沙普《交易·創造自己的聖盃（第二版）》

「交易的祕訣就是沒有任何祕訣。」

——亞歷山大·艾爾德《走進我的交易室2》

「成功的交易者與屢戰屢敗的交易者差在處理犯錯的方法。」

「交易即生意，而非為了享受風險的遊戲。」

——馬賽爾．林克《高勝算操盤：學做操盤高手》

「是價格而非交易者在預測將來。」

——麥可．柯維爾《趨勢誡律》

「交易很單純，但不簡單。」

「把自己的意見帶進交易裡會導致破產。」

——約翰．卡特《全面交易：掌握當沖與波段獲利》

「系統交易是終極的自主交易。」

——傑克．施瓦格《金融怪傑》艾德．史克達的名言

「觀察個別的交易，會發現幾乎都是靠運氣。問題在於要怎麼採取策略……。切勿隨著每一次的交易結果起舞，請把焦點鎖定在自己是否做了正確的事。」

——傑克．施瓦格《金融怪傑》理查．丹尼斯的名言

「不努力就不可能成為優秀的交易家。」

——傑克．施瓦格《金融怪傑》布魯斯．科凡納的名言

「不要老想著賺錢，也要考慮損失的情況。」

——傑克．施瓦格《金融怪傑》保羅．都鐸．瓊斯的名言

「最重要的是自律，第二是忍耐（持續），第三是勇氣，第四是要能乾脆地認賠，第五是想要獲勝的欲望」

——傑克．施瓦格《金融怪傑》蓋瑞．貝弗德的名言

「自信與謙虛之間的平衡點，最好從各種經驗及錯誤中學習。」

——傑克・施瓦格《金融怪傑》麥可・史坦布瑞納的名言

「大家會情緒化地在市場上做的事基本上大同小異。」

——傑克・施瓦格《金融怪傑》威廉・歐尼爾的名言

「無論有什麼理由，別人的系統都無法滿足自己。」

——傑克・施瓦格《金融怪傑》，湯姆・貝索的名言

「交易是自己的工作，要有自己的規劃、自己的決定。」

——傑克・施瓦格《金融怪傑》琳達・布拉福・拉琦克的名言

「人類的決定往往是基於『感覺』勝過於事實。」

——亞迪恩・拉瑞斯・托福瑞《消除交易壓力的方法》

Note

Note

Note

國家圖書館出版品預行編目（CIP）資料

40 張圖學會不蝕本選股法：K 線很老實、基本面很重要，買股前你一定要懂的 68 件事！／塩見努著；賴惠鈴譯. -- 三版. -- 新北市：大樂文化有限公司，2022.12
面；　公分. --（優渥叢書 Money；046）
譯自：これからパンローリングの投資本を読む人へ
ISBN　978-986-5564-35-3（平裝）
1. 股票投資　2. 投資技術　3. 投資分析

563.53　　110010807

Money 046

40張圖學會不蝕本選股法

K線很老實、基本面很重要，買股前你一定要懂的68件事！

（原書名：為何買股有90%的人賠錢，卻只有10%的人賺上億？）

作　　者／塩見努
譯　　者／賴惠鈴
封面設計／蕭壽佳
內頁排版／王信中、思思
責任編輯／許光璇
主　　編／皮海屏
發行專員／鄭羽希
會計經理／陳碧蘭
發行經理／高世權、呂和儒
總編輯、總經理／蔡連壽
出 版 者／大樂文化有限公司（優渥誌）
　　　　　地址：220新北市板橋區文化路一段268號18樓之一
　　　　　電話：（02）2258-3656
　　　　　傳真：（02）2258-3660
詢問購書相關資訊請洽：2258-3656
郵政劃撥帳號／50211045　戶名／大樂文化有限公司

香港發行／豐達出版發行有限公司
地址：香港柴灣永泰道 70 號柴灣工業城 2 期 1805 室
電話：852-2172 6513　傳真：852-2172 4355

法律顧問／第一國際法律事務所余淑杏律師
印　　刷／韋懋實業有限公司

出版日期／2017 年 03 月 27 日 初版
　　　　　2022 年 12 月 20 日 三版
定　　價／320 元（缺頁或損毀的書，請寄回更換）
I S B N　978-986-5564-35-3

優渥叢書

優渥叢書